만화로 보는
노무현 시대

이 도서의 국립중앙도서관 출판시도서목록(CIP)은
e-CIP 홈페이지(http://www.nl.go.kr/cip.php)에서
이용하실 수 있습니다.(CIP 제어번호 : CIP 2007001870)

추천하는 글

노회찬 (국회의원)

이창우 당원을 나는 화백이라 부른다. '화사한 백발'을 가진 그에게는 정말 예인의 풍모가 느껴진다. 이 사회를 가로 10cm, 세로 10cm의 만평으로 그려내고 평가하고 진단하는 그의 모습은 '정의의 언어'로서 만평을 다시 되짚어 생각해보게 한다.

이창우 화백은 항상 웃는 낯이다. 바쁘고 힘들어도 항상 여유를 가지고 살아가는 사람이다. 그의 이런 면이 이 사회의 부조리와 부정의를 웃음과 해학으로 찬찬히 되짚고 헤집어 '역설의 언어'를 만들어낸다.

『만화로 보는 노무현 시대』를 찬찬히 읽으면 그동안 나도 모르고 있었던 많은 일들을 가로세로 10cm의 사각형 안에서 조목조목 비판하고 해부하고 있다는 것을 알 수 있다. 사실 이 사회에서 벌어지는 많은 일들을 글로 분석하고 비판하고 지적하는 일은 식자(識者)라면 그리 어려운 일도 아니다. 하지만 단 몇 자의 글과 그림으로 독자들의 탄식을 자아내는 일은 어렵다. 예술가적 재능과 이 사회를 보는 통찰력을 갖춘 혜안이 있는 사람만이 가능한 일일 것이다.

의례적인 추천글이라고 무조건 칭찬만을 늘어놓아 또 다른 시각으로 이글을 읽는 독자들이 거북할 수도 있겠다. 당연하다. 심지어는 이 책의 내용 중에 내가 상당 부분 주인공으로 등장하는 탓이라 흉볼 사람들도 있을 것이다. 그러나 나는 기꺼이 이런 흉을 감내하겠다. 그의 넉넉한 웃음과 미소 안에 이 사회와 사람에 대한 애정이 듬뿍 들어 있다는 것을 알기 때문이다.

내가 삼성 X파일을 공개하고 거대 권력과 싸우고 있을 때 이창우 화백이 그린 만화를 본 적이 있다. 그때 나는 느꼈다. '정의의 언어', '역설의 언어'인 만평이 힘들고 지친 사람들에게 얼마나 큰 힘이 되는지를.

이창우 화백. 그는 우리 모두의 동지다.

시작하는 글

오른쪽으로만 도는 이상한 나라에서 좌파의 좌표를 찾다

극우 언론들과 한나라당은 노무현정부를 '좌파정부'라고 부릅니다. 좌파 권력의 학정(?)에 시달려온 이들 우파는 권력 탈환을 위해 궐기했습니다. 신우파라는 뜻의 '뉴라이트' 전국연합이라는 단체까지 만들어 난리도 아닙니다. 그런데 진짜 좌파는 아직 오지 않았습니다. 아니, 노무현과 같은, 좌파라는 레테르만 붙은 짝퉁 좌파가 아닌, 민주노동당과 같은 '명품 좌파'가 있기는 합니다. 그러나 이 명품의 가치는 아직 잘 알려지지 않았습니다. 인민들에겐 여전히 먼 당신입니다.

권력을 시장에 넘긴 정부를 좌파정부라고요? 한마디로 난센스임에도 여론 시장을 독과점하고 있는 조중동에 중독된 많은 이들은 또 그렇게 믿고 있는 것이 엄연한 현실입니다. 60년간 냉전 이념을 편식해온 결과죠. 그동안 이 땅에서 '좌파'는 명함을 파 다니기 힘들었습니다. 한국전쟁 이후 한반도의 남반부에 좌파 씨가 말라버려 좌가 없어졌으니 애시당초 남한에서 좌우대립이라는 건 허구인 것입니다. "그렇소, 나는 사회주의자요……." 용감한 고백이지만 2007년에도 여전히 생뚱맞게 느껴지는 환경, 우-좌의 극단적 비대칭이 한국사회의 이념 지형입니다. 그러니까 노무현을 좌파로 밀어놓은 건 극우 언론, 한나라당과 같은 족속들이 합리적인 중도라는 알리바이를 대기 위한 잔꾀에 불과합니다.

웃기는 건 민주노동당을 제외한 모든 정치꾼들이 자신을 '중도'로 규정한다는 것입니다. 너도나도 중도, 중도. 중도 과밀이로군요. 좌파가 제자리를 잡지도 못했는데 도대체 어디쯤이 중도란 말이죠? 우파 노무현을 좌파라고 한다면 그 중도란 노무현보다 더 오른쪽이라는 얘기입니다. 우파에 의해 거짓으로

꾸며진 이념지형을 냉철히 꿰뚫어본다면 노무현이 시장근본주의적 우파니까 중도는 극우파가 되겠죠.

제가 만평을 그리고 글을 쓰는 것은 이렇게 오른쪽으로만 도는 이상한 나라에서 좌파로서의 좌표를 잃지 않으려는 나름의 몸부림입니다. 좌파적 시각에서는 '좌측 깜박이를 넣고 우회전하는' 노무현 씨가 어떻게 보이는지, 중도라 일컫는 이들은 좌표의 어디쯤 있는 것인지 가려보기 위한 것입니다.

만평의 시각을 제공해주는 제 좌표의 꼭짓점은 민주노동당 부산시당 사무처장이라는 본업입니다. 이 자리는 비정규직 투쟁 현장과 한미FTA 반대집회, 평택 미군기지 확장을 반대하는 황새울 전투, 핵발전소의 수명을 억지로 연장하려는 기도에 맞서는 투쟁 현장을 돌아보게 만듭니다.

끝으로 저에게 발언대를 만들어준 미디어 '레디앙(redian.org)'과 그림의 최초 독자로 예리한 비평을 아끼지 않았던 절대미녀님께 감사의 말씀을 전합니다. 그리고 그림과 글의 착상을 제공한 성화, 라니, 경남, 우열, 문령 등 함께 하고 있는 동지들께도 감사의 말씀을 전합니다. 인세 받으면 한턱 쏘겠습니다.

2007. 6. 19 '명품 좌파'가 인민의 마음을 얻는 그날까지…….
서면 옥탑방에서 이창우

차례

추천하는 글 · 5
시작하는 글 · 6

제1장 노무현, 보수우익이 보낸 트로이 목마 ······ 11

제2장 신(新) 권위주의 정권의 공포정치 ······ 35

제3장 열린 '우리' (축사畜舍 개방) ······ 45

제4장 제3지대는 '우범지대' ······ 61

제5장 수구본색, 한나라 ······ 69

제6장 한미 FTA 섭정 ······ 89

제7장 한미동맹 Since 1945 ······ 125

제8장	전쟁의 먹장구름아 걷혀라	141
제9장	보수적인, 너무나 보수적인 사법부	161
제10장	부동산 타짜 하우스	177
제11장	노조가 귀족이면 임원은 황족이냐?	187
제12장	비정규 아이스에이지	205
제13장	역겹고도 역겹다	223
제14장	시대가 민주화된 걸 몰라?	239

제1장

노무현,
보수우익이 보낸
트로이목마

노무현, 보수우익이 보낸 트로이 목마

2006. 12. 15

"노무현 대통령은 보수우익이 보낸 트로이 목마였다."
지난 2006년 9월 여당을 탈당한 김성호 의원이 어제 정계개편 토론회에서 내뱉은 직격탄입니다. 노무현정권의 정체성은 모순적 형용 없이는 표현하기 어려웠습니다. '왼쪽 깜박이 넣고 우회전', '좌파 신자유주의', '자주적 친미 정권' 이 그런 것들입니다. 정계개편으로 백가쟁명인가본데 친노든 반노든, 혹은 중도든 오직 '권력'을 향한 줄타기만 있을 뿐 이념과 정책, 노선으로 갈라서는 간단 명쾌한 길을 외면하고 있습니다.

뭘, 기념하시려고?

2007. 4. 17

　노무현 기념관? 뭘 기념하시려고요? 과반수 의석을 갖고도 개혁다운 개혁 하나 제대로 못 한 걸 기념하시려고요? 한미FTA 퍼주기 협상으로 나라를 거덜 낸 걸 기념하시려고요? OECD 최고의 노동유연성에도 모자라 비정규 확산법을 강행한 걸 기념하시려고요? 시장에 권력을 넘긴 최초의 대통령이라는 걸 기념하시려고요? 후학들에게 뭘 배우라고요? 시장근본주의? 좌파 신자유주의?

개헌이 필요해

2007. 3. 9

　대통령의 권한을 좀 줄일 필요가 있습니다. 국민들의 합의와 무관하게 개헌 발의권을 행사하겠다는 배짱도, 나라를 통째로 거덜낼지도 모를 한미FTA를 묻지마식으로 타결하겠다는 배짱도 따지고 보면 저 무소불위의 막강한 대통령 권한 때문에 생긴 것 같습니다. 그래서 개헌을 하긴 해야겠습니다. 협상 쟁점을 국민에게 공개하지도 않은 채 '고위급'끼리 일괄 타결을 못하게 하는 개헌, 혈세를 퍼부어 FTA 찬성 여론을 조작하는 허위광고도 못하게 하는 개헌, 정략적 이익을 위해 개헌발의권을 함부로 행사하지 못하게 하는 개헌이 필요할 것 같습니다.

청와대의 안과 밖

 꽃샘추위가 여전히 매서운 가운데 민주노동당 문성현 대표가 한미 FTA 저지를 위해 청와대 앞에서 무기한 단식농성에 들어갔습니다. 같은 날 청와대 안에서는 노무현 대통령이 정부의 '개헌시안'이라는 걸 발표하는 기자회견을 가졌습니다. 문성현 대표는 단식에 앞서 "FTA가 남느냐? 민주노동당이 남느냐" 끝장을 보겠다고 합니다. 같은 날 이루어진 두 개의 사건, 노대통령의 시각에서는 '유연한 진보가 남느냐? 교조적 진보가 남느냐?'는 문제로 해석될까요?

각하사탕

2007. 2. 28

"부도덕한 분당이 아니라 민주정당의 정통성을 복원하고 새로운 정치를 구현하기 위한 역사적 결단"이었다던 열린당에 탈당계를 내야 했던 대통령 노무현의 정치역정을 되돌아봅니다. 입 안이 환해지던 박하사탕의 첫 기억을 찾아 떠나듯 기억의 여행을 떠납니다.

운동권 학생에 대한 변호를 시작하면서 시작된 첫사랑은 6월 항쟁의 야전사령관을 거쳐 활짝 꽃피었습니다. 5공 청문회의 스타 의원으로, 제도권 정치에 환멸을 느껴 의원 배지를 집어던지던 그는 순수해보였습니다. 그러나 대통령직에 배속된 노무현은 부시의 하수인으로 이슬람에 총구를 겨누면서 치명적인 트라우마를 얻게 됩니다. 이후 시장근본주의와 야합해 비정규직을 양산하는 고문실에서 노동자 민중을 고문하고, 한미FTA를 무리하게 촉진하면서 '인생은 아름답다'고 느끼깁니다. 이제 그는 더 이상 이전의 순수했던 사랑으로 되돌아갈 수 없습니다.

그들만의 민생

2007. 2. 9

　오늘 한나라당 강재섭 대표와 노무현 대통령이 이른바 '민생 경제 회담'이라는 걸 합니다. 열린당의 붕괴로 한나라당이 원내 1당으로 자리바꿈한 상태라서 노대통령은 한나라당이 국정운영에 책임 있는 파트너로 협력해 달라고 당부하게 되겠죠. 비정규법, 한미 FTA 협상 등을 밀어붙이면서 민생을 파탄으로 내몰아온 청와대와 집권여당, 사학법 재개정을 요구하며 민생입법을 사사건건 발목 잡아온 한나라당이 뭉쳐서 어떤 민생을 논의할지 사실 걱정입니다. 노동자, 농민의 민생보다 사학재단의 민생, 재벌 민생만 챙겨주는 '기득권 대연정'에 합의하는 건 아닌지 지켜볼 일입니다.

유연한 진보란?

2007. 2. 21

노무현 대통령이 2007년 2월 17일 〈청와대 브리핑〉에 띄운 '대한민국 진보, 달라져야 한다'는 글을 통해 자신을 '유연한 진보'라 규정했습니다. 한미 FTA를 반대하고 참여정부를 비판하는 세력은 '교조적 진보'고요. 그간의 '개방'이 성공적이었으며 신자유주의자의 입에서 나온 얘기도 진보의 가치를 실현하는 데 필요하다면 채택해야 한다고 주장했습니다.

한미FTA를 반대한다고 '교조적' 쇄국론자로 몰아붙이는 단순논법도 유치하지만 노대통령의 유연함이라는 것도 수긍하기가 쉽지 않습니다. OECD 국가 중 최고의 노동시장 유연성에다, 종속적 한미동맹을 '자주적 친미'로 유연하게 포장한 이라크 파병, 한나라당과 추진한 유연한 대연정, 주한미군의 유연한 기동군화에 끌려 다니는 평택미군기지 건설 등등… 이런 걸 '유연함'이라고 부르나요? 오죽했으면 보수 우익이 보낸 트로이 목마라는 소리를 듣겠습니까? '좌파 신자유주의'라는 말이 '진정성'을 배제한 농담일지도 모르지만 언중유골로 들리는 이유는 노대통령의 행보가 '좌측 깜박이 넣고 우회전'을 일삼아왔기 때문입니다. 말로는 '진보'일지 모르나 일찌감치 '보수' 헤게모니에 스스로 투항한 탓이지요. 그보다 '정치적으로 심각한 것'은 노대통령 자신을 '진보'의 대열에 세워놓아 진보진영에 먹물을 뿌려대는 것입니다.

요새 말로 '대략 난감' 합니다.

신년 자화자찬

어젯밤 인기리에 방영되고 있는 〈주몽〉을 밀어 젖히고 방송된 대통령 신년 연설, 준비한 내용을 다 말하지 못해 도올이 부럽답니다. 10시간이고 시간을 주면 참여정부의 찬란한 업적을 구구절절 소개하고 싶은데 그러지 못해 안타깝답니다. 정부의 좋은 정책이 국민들에게 제대로 전달되지 못해 아쉽답니다. 민생문제를 해결하려면 경제의 성장 잠재력을 키워야 하는데 참여정부 들어서 '혁신주도형 경제정책'으로 완전히 돌아서서 세계 7대 기술 강국이 되었고, 지속적 발전을 위한 사회 환경을 조성하기 위해 사회 투자도 상당히 했으며… 제목만 열거해도 시간이 모자란답니다.

그런데 국민들이 참여정부의 정책을 제대로 전달받으면 뭐가 좀 달라집니까? 서민 주거문제, 사교육비 문제, 비정규직 문제가 해결됩니까? 노대통령의 세치 혀로 현실을 판타스틱하게 호도할 수 있을지 모르지만 서민들이 온몸으로 느끼는 고통은 매우 '유물론'적입니다.

마징가덕

어제 노대통령이 중앙 언론사 편집국 보도국장 청와대 초청 오찬 간담회에서 "개헌이 안 됐을 경우에 반대했던 사람들한테 끊임없이 책임을 물어갈 것이다"며 반대자 책임추궁 발언을 했더군요. 이 말은 자기만 유일하게 옳다는 독선이 내포되어 있습니다. 노대통령께 되묻고 싶습니다. 노대통령은 부동산 원가 공개를 공약하고도 임기 후반까지 뭉기적거리지 않았습니까? 미국에 할 말을 하는 대통령이 되겠다고 해 놓고 이라크에 파병하고, 한미 FTA 협상을 통해 '종속적 개방'으로 나아가고 있지 않습니까? 아마 끊임없이 책임을 추궁당해야 할 사람은 다름 아닌 노무현 대통령 자신이 될 것 같군요.

그냥 해본 얘기

2007. 1. 11

　노대통령이 지난 한일 정상회담 때 동해 명칭을 '평화의 바다'로 바꾸자고 했다죠? 요즘 개그프로 '개그야'에서 '죄민수'가 뜬다더군요. 마빡이, 대빡이가 아무 뜻도 없는 동작을 선보이듯 죄민수도 그저 터프한 헛소리만 지껄이는 거죠. 동해를 '평화의 바다'라고 부르자는 건 팽창주의적 영토 분쟁에 대한 대안으로 얘기한 것이겠지만 대통령은 그냥 해본 얘기 정도로 둘러대더군요. 이거 무책임한 거죠?

타짜는 고집이 세다

2006. 12. 11

　대통령이 어제 '아세안 정상회의'가 연기되어 조기 귀국했습니다. 노무현 대통령은 작년 대연정 제안 당시 자신이 "정치 승부사로는 세계 최고 수준급"이라고 말한 적이 있답니다. 이제 그 국제 수준의 '타짜'가 조기에 귀국했습니다. 지지율 폭락을 지켜보며 국정 마무리에 전념하겠다고 해서 이제 큰판에서 떠났나보다 했는데 어느새 출국 직전에 '편지' 한방으로 판을 크게 흔들던 그 승부사가 귀국했습니다. 임기 후반을 잘 마무리하라는 여론을 등지고 어떤 메가톤급 '올인' 전략으로 나올지 정치권이 긴장하고 있습니다.

청와대가 하는 일이 그렇지...

2006. 11. 9

문화일보 연재소설 「강안남자」가 외설적이어서 청와대 비서실이 지난 2일부터 80부가량 배달되던 이 신문을 '절독'하겠다는 얘기가 장안의 화제입니다. 문화일보가 얼마나 팔리는 신문인지 알 수는 없지만 이번 청와대의 결정은 그들의 의도와 무관하게 문화일보, 혹은 최소한 「강안남자」라는 소설의 주가를 상종가로 끌어올리는 대대적인 판촉행위가 된 것 같습니다.

계몽군주 노무현 각하의 도덕적 가르침은 이렇듯 종종 반발을 삽니다. 지금으로부터 2천4백여 년 전의 고대 플라톤 철인정치가 뉴밀레니엄에 와서 길을 잃고 헤매는군요.

그림의 떡

2006. 8. 31

'비전 2030 - 함께 가는 희망 한국'

삶의 질 세계 10위로 가는 휘황한 청사진을 보고 있노라면 괜히 뿌듯해집니다(먹은 것도 없는데 말입니다). '저출산, 고령화, 양극화, 저성장'에 적극 대응하지 못하면 위기에 빠질 수 있다는 진단은 누구나 공감하는 현재의 문제입니다. 일류 선진 복지국가로 나아갈 비전을 제시한다는 데야 누가 뭐라 하겠습니까? 그러나 한미 FTA, 비정규직 양산 법안 강행 추진, 노동배제적 노사관계 로드맵 등 후진기어를 넣고 미래로 가자는 네비게이션만 그럴 듯하면 뭐합니까?

봉숭아 연정도 아니고

2005. 8. 29

제 딴에는 무슨 심오한 것이 있는 것처럼 얘기하지만 웃기는 얘깁니다. X파일을 통해 드러난 정-재-언-검 유착의 실체를 낱낱이 밝혀야 할 마당에 삼성을 비호하느라 국면 물타기용 연정 불때기 아니냐는 얘기까지 나오고 있죠. 한마디로 진정성도 없는 네다바이꾼이 된 거죠.

다 각설하고 과거사 청산 운운하면서 현재사에서는 유신공주와의 연정을 꿈꾼다는 게 정치적인 정신분열 아니고 뭘로 설명할 수 있을까요? 그래서 더 웃기고 자빠진 얘기죠.

논평 2005. 7. 6

연정 군불 때기,
후덥지근합니다.

청와대는 시원하시죠?
지금 여기는 지진거리는 장마의 후덥지근함에다 연정 군불 때기까지 더해져 불쾌지수가 급상승하고 있습니다. 님의 '여소야대 구도로 국정 운영이 힘들다'는 얘기는 사실 열린우리당이 과반수였을 때도 국가보안법폐지안, 사립학교법개정안 등 개혁입법안을 하나도 제대로 관철시키지 못했던 전력 때문에 말발이 먹히지 않더군요. 연정에 대해 각 당의 부정적인 입장이 이미 드러났고, 떡 줄 사람은 마음도 없다는데 '연정, 연정' 하시는 게 딱해서 말씀입니다만 2절, 3절 자가 발전하는 거 보기가 민망합니다. 정치권 전체를 인위적 정계개편의 복마전으로 몰아가실 생각이 아니라면, 이제 그만큼 했으면 됐으니 화두를 좀 바꿉시다.
지금 정치권이 논해야 할 게 연정입니까? 집값 폭등이나 비정규직 문제, 내수 침체 등 산적한 민생현안에 대한 해법은 언제 찾으실 생각이십니까? 판교 신도시 분양가 폭등의 반발로 공영개발방식이니 분양원가 공개가 다시금 수면 위로 떠올랐는데 이건 어디로 갔습니까? 비정규직 차별에 대한 국가 인권위의 지적에 대해서 어떤 해법을 갖고 계시는지요? 재벌과 중소기업간의 경기 양극화를 해소하기 위해 불공정 하도급 관행을 철폐하는 문제에 대해서는 또 어떤 처방을 제시하실 건가요? 사실 서민들이 듣고 싶어 하는 건 바로 이런 문제 아니겠습니까? 그래도 '연정' 이세요?

누가 나보고 포퓰리즘이라고 그랬어?

2004. 6. 11

노무현 대통령이 분양가 원가공개 거부와 이라크 파병 강행 등의 방침을 밝힘으로써 조중동으로부터 '노비어천가'를 듣고 있습니다. 지지율이야 좀 떨어지겠지요.

참, 6월 25일 MBC 여론조사에서는 6월 9일 조사보다 13% 이상이나 추락해 28%대 지지율로 폭락했더군요. 선거 때도 아닌데 이 정도 지지율쯤이야 뭐가 문제이겠습니까? 선거 때 또 노사모 동원하고 올인 도박 한판 벌이면 국민들의 '망각'에 힘입어 또 '개혁세력 총단결' 기치 아래 자기 아래로 어중이떠중이를 다 몰아올 수 있다고 생각하고 있겠지요. 이럴 때 정치에 관심 있는 사람이 느끼는 건 '허무주의'입니다.

오기와 자만

2004. 5. 17

노통께서는 담화문에 개혁 추진 속도를 늦추겠다는 암시를 담으셨습니다. 탄핵 전 노통의 지지율 추락은 개혁부진 탓이었습니다.

프랑스 대혁명 이후 보나파르트 쿠데타, 왕정복고 등으로 엎치락뒤치락 거리다 이른바 '국민왕'이랍시고 들어선 루이 필립이 노통의 얼굴에 겹치는군요. 그의 얼굴은 '배' 모양이었지요. 제가 아는 노통의 얼굴은 '오기'와 '감출 수 없는 자만'입니다

취임 1주년

2004. 2. 26

2004년 2월 24일은 노무현 취임 1년이라는군요.
부시 딸랑이로 출발하더니,
이라크 파병에,
한·칠레 자유무역협정에,
새만금 밀어붙이기,
부안핵폐기장 밀어붙이기,
노동자 때려잡기,
친기업 노선 밝히기,
한나라 1/10만 부패하기 등이 그의 궤적이군요.

논평 2004. 2. 24

노무현 1년, 우향우 외에 뭘 했나?

'정치'는 발목을 잡았지만 '정책'은 도와주었다는 게 솔직한 평가

　오늘 대통령 취임 1주년 특별회견에서 그 말썽 많은 입으로 노대통령은 자신의 지지자들에게 결집을 다시 한 번 화끈하게 호소했습니다. "노무현을 대통령으로 뽑았으면 앞으로 4년 제대로 하게 해줄 것인지 못견뎌서 내려오게 할 것인지 국민이 분명히 해줄 것"이라며 열린우리당을 지지해주지 않으면 '대통령직 못해먹고' 중간에 때려치울 수도 있으니 알아서 하랍니다.
　협박 공갈입니다. 노무현 정권의 1년 성적표는 대체로 부정적입니다. 여론조사기관 ANR에 따르면 잘했다는 평가가 기껏해야 13%에 불과하답니다. 똥 뀐 놈이 성낸다고 겸허하게 반성하고 국민의 심판을 받겠다는 것이 제대로 된 정치가의 태도입니다. 노대통령이 이런 낙제점을 받게 된 것은 순전히 자기 탓입니다. 미국에게 'NO'라고 말하겠다더니 미국에 한번 다녀오고부터 '이지맨'이 된 데서부터 이라크 파병을 부득부득 추진해 국론을 분열시키고, 네이스를 비롯해 새만금과 부안핵폐기장을 국책사업이라며 국민의 참여를 배제하고 어거지로 밀어붙이질 않나, 수구 보수언론으로부터 '친노동'이라는 말 한마디에 '내가 언제?' 하며 철도노조 공권력투입, 화물연대 조지기 등 철권을 휘둘러댔습니다. 그나마 깨끗하다는 이미지마저 측근비리, 불법대선자금 수수 사실 등이 드러나는 바람에 국민들이 지지를 철회해버린 것입니다. 사실 이쯤 되면 겸허하게 반성하고, 심기일전하고, 국정을 쇄신해야 하겠는데 이건 어찌된 일인지 '그러면 재신임 해!'라며 오히려 협박을 들이댑니다. 완전히 국민을 두 번 죽이는 짓입니다.

이제 남은 유일한 레퍼토리는 그래도 차떼기 한나라당보다는 낫다는 것이고 이들이 발목 잡지 못하게 미워도 다시 한 번 화끈하게 밀어달라는 것인데 사실 이 대목에서 진짜 우리는 할 말을 잃습니다. 노대통령은 언젠가 '국회가 정치는 내 발목을 잡았지만 정책은 도와줬다' 고 말한 바 있습니다. 사실 노무현정부가 추진한 정책 치고 한나라당이 발목 잡은 게 뭐가 있었습니까? 이라크 파병을 하지 말라고 했습니까? 한·칠레 FTA를 반대했습니까? 노동자 때려잡지 말라고 했습니까? 새만금, 부안핵폐기장을 짓지 말라고 했습니까?

정말 우리는 묻고 싶습니다.
"노무현당을 밀어주면 뭘 할 건데?"

재신임은 또 다른 부패 신장개업

2003. 10. 13

노대통령이 오는 12월 15일 재신임을 묻겠답니다. 국민과 국정을 걸고 '올인'을 외친 노무현의 도박사적 풍모는 지난 대선 당시 정몽준과 했던 단일화에서 유감없이 드러난 바 있습니다. 그러나 당시는 그의 지지자들을 판돈으로 걸었기 때문에 크게 문제될 것이 없었습니다. 그러나 이번엔 다릅니다. 국민 전체를 위험한 도박판의 판돈으로 걸고 있기 때문입니다. 국민이 선택할 수 있는 다른 대안이 없다는 점을 악용한 재신임 투표는 과거 박정희가 유신체제를 정당화시켰듯이 노무현정부의 각종 실정과 무능을 덮는 수단이 될 것입니다.

노무현 대통령은 부패신장개업당인 민주당을 업고 대통령에 당선되었습니다. 이제 민주당을 깨고 다시 통합신당을 신장개업했는데 이상수를 비롯한 자신의 평생 집사라는 최도술까지 재벌로부터 음성적 정치자금을 챙겼다는 게 드러나고 말았습니다. 신장개업을 해봐야 내용이 달라진 게 없다는 것이 다시 한 번 드러나자 노무현은 '재신임'이라는 간판을 걸고 '신장개업'에 도전하고 있는 것입니다.

제2장

신(新)
권위주의 정권의
공포정치

헌법을 이긴 교통법규

2007. 3. 16

　서울행정법원 행정12부(정종관 부장판사)는 15일 "경찰의 주장처럼 집회로 인해 도로교통의 현저한 장애가 초래될 위험이 있다"며 '한미 FTA 저지 범국민운동본부(범국본)'이 제기한 '집회 금지통고 행정처분 취소 청구'를 기각했습니다. 법원이 경찰의 손을 들어준 것입니다. 재판부는 '폭력시위로 번질 우려'는 차치하고 '교통 혼잡'만으로도 집회금지가 가능하다는 초헌법적 판단을 내렸습니다. 이거 헌정문란 아닌가요? 노대통령의 말처럼 과연 지금이 '민주화된 사회'인지 헷갈립니다.

야만적 폭거

2007. 3. 12

　지난 3월 10일 한미 FTA 반대 범국본 집회에 대한 경찰의 폭력진압으로 언론이 열받았습니다. 7개 언론사 기자 8명이 폭행을 당했더군요. 경찰에서는 기자인줄 모르고 때렸다는데(일반 시위대는 때려도 된다는 뜻으로 들리죠?) 이거 문제가 심각해질 것 같습니다. 조선일보 기자까지 맞았답니다. 언론과 밀월을 즐기고 있는 한나라당 나경원 대변인도 한마디 거들었더군요. 언론자유를 짓밟는 야만적 폭거라고요. 김근태 열린당 전의장은 "미국협상단은 의회 한두 사람의 목소리까지 전달하며 우리 정부를 압박하고 있는데 우리 정부는 무력과 폭력으로 국민들의 한숨까지 가로막고 있으니 도무지 누구를 위한 정부인지 알 수 없다"며 집회·시위·언론의 자유마저 짓밟은 정부를 성토하고 경찰청장 사과를 요구했군요. 천정배 의원은 파면을 요구했네요? 경찰청장도 옷을 벗어야겠지만 한미 FTA 일방적 퍼주기에 혈안이 된 노무현정부 옷부터 벗겨야 하지 않을까요?

유연한 집회 불허

2007. 2. 27

서울지방경찰청이 25일 여수 외국인보호소 화재 참사 공대위의 집회를 불허했습니다. 이라크 침공 4년 규탄 국제 반전 공동행동 집회도 불허했고, 한미 FTA 반대 집회도 불허했습니다. 차도를 통한 시위는 교통 소통의 '불편' 이 이유고, 차 없는 거리 시위는 시민 왕래 '불편' 으로 불허랍니다. 그런데 국제 반전 공동행동 집회는 작년, 재작년에도 같은 코스로 시위행진을 했는데 아무런 문제가 되지 않았습니다. 그때그때 달라지는 기준이 뭐지요? 이런 게 '유연성' 인가요? 집회와 시위의 자유라는 헌법보다 일개 지방경찰청의 '금지 통보' 가 더 위에 있을 수도 있는 '유연성' 에 국민들의 민주적 권리가 참 '불편' 합니다.

지금처럼 민주화된 시대에

2003. 12. 3

'지금처럼 민주화된 시대에… 민주노총은 노동운동을 하는 단체도 아니다'는 식의 얘기를 노무현이 하고 있죠. 소크라테스가 했다는 말이 생각나는군요.

"너 자신을 알라!"

민주화된 시대에 '보신을 투쟁수단'으로

2003. 11. 29

이회창이 대통령이 되어도 이렇게까지 했을까요? 재벌과 보수언론, 검찰 등 지배계급을 노빠로 흡인하는 초절정 정치 무공을 선보이면서 그러겠지요.

"그래 권력의 맛은 바로 이 맛이야!"

민주화된 시대에 웬 분신?

2003. 11. 24

노무현이 뭐랬습니까?
"지금과 같이 민주화된 시대에 웬 분신이냐?"고 하지 않았습니까?
지금과 같이 민주화된 시대…
그래서, 민주화가 너무 과잉이라서 조금 줄이시려고요?
그래서, 집시법을 개악하시려는 것인가요?

막가파 국무회의

2003. 11. 24

막가파 국무회의(國無會議)로군요.
부안은 계엄 상태라죠?
2만 3천 군민에 경찰만 8천 명이라니!
부산에서도 경찰병력을 차출했다는데,
조만간
'민생치안 간 곳 없고 시국치안만 무성하다' 는 소리가 나오겠군요.
시국치안에 실종된 민생치안…
화성연쇄살인이 재연되지 않을까요?
이쯤 되면 '살인의 추억' 은 추억이 아니라 현실이 되겠지요?

논평 2003. 11. 21

노무현 대통령, '지금처럼 민주화된 시대'에 집시법은 왜 개악하오?

집시법을 경찰 입맛대로 개악하는 안이 국회 행자위를 통과했다.
주요도로 행진 금지, 폭력 발생시 남은 집회 금지, 집회 15~3일 전 신고, 소음규제, 사복경관 집회 현장 입회, 군사시설 주변 집회 규제 등이 그 골자다. 이걸 적용할 경우 서울 도심은 사실상 도로 행진이 금지되고, 대규모 집회는 아예 불가능하고, 미군부대 앞 집회도 불허된다. 무엇을 겨냥하고 있는지는 명백하다. 집시법 개악안이 행자위를 통과한 것은 최근 민주노총 전국노동자대회, 전농의 전국농민대회, 부안 방폐장 반대 시위를 계기로 터져 나온 민중의 분노를 물리적으로 틀어막겠다는 뜻에 다름 아니다.
노무현 대통령은 '지금처럼 민주화된 시대에' 노동자들이 분신이라는 극한적 수단으로 자신의 주장을 펼쳐야 하는지 모르겠다고 했다. 노대통령의 진의가 그렇다면 노동자 민중들은 '지금과 같이 민주화된 시대'에 집회나 시위를 통해 자신의 의사를 충분히 표현할 수 있어야 한다. 그런데 집회와 시위를 완전히 틀어막는 악법을 만들어내는 것은 무슨 이유인가?
그리고 이렇게 대폭 개정을 할 경우 통상 공청회를 열거나 이해 당사자의 의견을 청문하는 관례도 무시하고 철저히 밀실에서 개정안이 만들어졌다. 시민단체에서 집시법 개정안이 다루어질 거란 소문을 듣고 개정 내용을 파악하기 위해 노력했지만 의원들과 경찰이 철저히 숨겨오다 이번에 행자위를 통과하면서 그 실체가 드러난 것이다.
'지금처럼 민주화된 시대에' 노대통령이 그렇게 혐오하는 '투명하지 않은 반칙'을 써가며 악법을 밀실 통과시키려는 것은 또 뭔가?
도대체 노무현 대통령은 자신이 조금 전에 했던 말을 기억이나 하고 있는가?

믿었던 도끼에 발등 찍히다

2003. 11. 20

우리는 올해 김주익, 이용석, 이해남, 곽재규 동지들을 잃었습니다.
노무현 대통령, 한때는 인권변호사로 노동자들의 벗이었지요.
문재인 변호사도 마찬가지고요.
그러나 지금은 "죽든 말든 시끄럽게 굴면 대화도 하지 말라" 잖아요?
이제 참여정부가 아니라 '참여배제정부' 라고 낙인찍혔어요.
작년 국민경선 때 노풍을 점화시킨 곳이 울산이었지요?
노무현이 그렇게 저주를 퍼붓고 있는 대기업 노동자들…
노무현에게 기대를 가졌던 게 어디 울산 노동자들뿐이겠어요?

그러나 믿었던 도끼에 발등 찍혔다고 얘기할 필요가 없어요.

원래 개인은 나약합니다.

분배정의를 외치고, 자주외교를 외치던 이도 받쳐주는 조직, 대중 기반이 없으면 저렇게 맛이 가고 만다는 냉정한 역사적 진리를 다시 한 번 학습하고 있는 것입니다.

물론 아무리 학습을 해도 깨지 못하는 사람들도 있죠.

노빠라고…

제3장

열린 '우리'
(축사畜舍 개방)

열린 '우리' (축사畜舍 개방)

2007. 2. 7

　백년을 가는 튼튼한 '우리'를 짓겠다더니 3년 만에 그 우리가 박살나고 있습니다. 다급했던지 노대통령은 "당을 쪼개서 성공한 예가 없다"고 탈당파들을 향해 악담을 퍼부었는데 바로 자신이 민주당을 '쪼개서' 열린당을 만든 장본인이었다는 걸 잠시 망각했나봅니다. 제 얼굴에 침 뱉기죠. 정당이 추구해야 할 것은 '이익'이 아니라 '가치'라고 하셨죠? 그동안 '축사개방당'이 추구해왔던 가치가 무엇이었습니까? 신자유주의에 대한 맹신 아니었습니까? 한나라당과의 대연정 제안은 또 어떤 가치입니까?

　좌측 깜박이 넣고 우회전하고, 좌파-신자유주의라는 해괴한 조어를 만들어 유포하던 바로 노대통령 자신이 오늘 축사 대 개방의 진원지였다는 걸 진지하게 되돌아보시기 바랍니다.

원칙 없는 갈짓자

2006. 12. 28

　　김근태 의장과 정동영 전의장이 오늘 이른바 '평화개혁세력과 미래세력의 대통합'을 결의하면서 '원칙 있는 국민의 신당 창당'에 합의했답니다. '미래세력'은 아마 과거세력의 상대어겠지요? 이른바 권위주의 개발독재 시절에 젖줄을 대고 있는 세력과 차별화하면서 포지티브한 이미지로 포장한 것이 미래세력이라는 조어로 나타난 것 같습니다.
　　그러나 박정희, 전두환 시절 요직을 거치고 민정당 의원까지 했던 고건씨를 신당의 유력한 대권주자로 검토한 사실 등으로 미루어볼 때 '미래세력'의 실체는 좀 모호합니다. 그래서 통합 신당의 대통합이라는 것이 실용과 개혁의 잡탕과 무엇이 다른지 알 수 없습니다.
　　정계개편은 정책과 노선이 다른 세력들이 명확히 분립하는 것이어야 합니다. 자신의 정체성을 모호하게 섞어놓고 오직 유력 대선주자 줄서기만 하는 정계개편은 이제 신물 나지 않습니까? 대선 때만 되면 고질병처럼 도지는 원칙 없는 신(물)당 놀음, 꼬라지 하고는?

40:0=사이비 개혁세력의 퇴출성적표

2006. 10. 26

 10·25 재보선에서도 열린우리당은 전패했습니다. 지난 2년여 동안 재보선 토털 '40대0'이라는 전무후무한 기록을 세웠습니다. 김근태 의장이 책임질 것도 없습니다. 민심이 열린당에게 싸늘하게 등을 돌린 지 오래이기 때문입니다. 열린당은 자신을 지지해준 개혁민심을 배반하고 보수세력에게 투항함으로써 집토끼도 산토끼도 다 놓쳤습니다. 대통령과 국회 과반수를 갖고서도 정치적 리더십을 발휘하지 못한 무능한 집권세력의 비극적 파산입니다.

쭈욱 들이키게

2006. 6. 13

　　김근태가 마시겠다는 독배의 '내용적 실체'가 바로 '한국식 신자유주의'인가 봅니다. '추가 성장'은 곧 '추가 착취'겠지요? 1가구 1주택 종부세 완화, 재벌기업들에 대한 출총제(출자총액제한제도) 완화 등이 벌써부터 패배한 열린당 내부에서 와글와글 들끓고 있습니다. 정치의 전면적인 보수화와 신자유주의 득세로 연약해진 열린당의 지각(地殼) 밑을 불안하게 꿈틀대는 '한국식 신자유주의'라는 암장(岩漿, magma)이 조만간 메라피 화산처럼 폭발하지 않을까 우려됩니다.

열린 '우리'(축사畜舍 개방)

촛불 모독

2006. 5. 29

　5·31 지방선거의 뚜껑이 내일 모레 열립니다. 미선이, 효순이를 살려내라, 불평등 한미소파 폐지하라는 촛불을 이제 꺼달라던 노무현정권. 평택 대추리의 촛불을 무자비하게 군화발로 짓밟았던 열린우리당 정권이 언감생심 명동성당에서 자신의 구차한 권력을 지키기 위해 '촛불'을 들었습니다.
　천성산과 금정산의 가녀린 꼬리치레 도롱뇽들을 지키기 위해 시작되었고, 자본의 무모한 영토 확장에 맞서 생명의 갯벌 새만금을 지키기 위한 인간의 반성, 고행의 3보 1배가 시장의 효율을 만능으로 아는 한미 FTA의 무모한 추종자들에 의해 3보 1배도 아니고 고효율 10보 1배로 변질되어 우롱당하고 있습니다.

우범지대

2005. 5. 15

한나라당 지지율 고공행진의 일등공신은 단연코 열린우리당입니다. 민주노동당 노회찬 의원이 지적했듯이 한나라당 밥솥을 우리당 장작으로 불을 때고 있는 형국입니다. 국민들을 내팽개치고 자기네들끼리 '단란'하게 한미FTA를 원샷에 넘기고, 비정규 폭탄주를 돌려대고 5·31 캬바레에서 꼭짓점 댄스나 추고 있으니 이 땅의 버림받은 궁민(窮民)들은 꼭지가 돌 지경입니다. 그래서 국민들은 '에라! 너네들 꼬라지 보기 싫어 비뚤어져 버릴 테다!' 하고 부패원조당이 신장개업한 퇴폐본색당으로 발길을 돌리고 있습니다.

보수정치의 이 컴컴한 우범지대에서 미망(迷妄)에 헛걸음하는 인민들에게 진정 희망의 한 줄기 빛은 어디에 있는 걸까요?

열린 '우리'(축사畜舍 개방)

구걸 정치

2006. 5. 1

　노대통령이 사학법 재개정을 수용했습니다. 워낙 잡탕정당인 열린우리당이 헷갈리게 생겼습니다. 한나라당은 사외이사 추천권을 가진 주체로 학운위와 대학평의회 '등'을 집어넣자고 생떼를 써서 사실상 개방형 사외이사 추천권을 다시 사학족벌의 손아귀에 쥐어주려고 합니다. 사학법에 '등'이 들어가면 잡탕이 됩니다. 노대통령은 잡탕을 만들어도 된다고 생각하는 걸까요? 친절한 금실씨 지지율은 안올라가고…. 보수 세력 지지라도 좀 끌어다 쓰려고 했던 걸까요?

된장 안바르고

2004. 10. 26

결국 국가보안법 폐지 후 '형법 보완'으로 결론이 났죠. 문제는 국보법 독소조항의 핵심이자 남북간의 평화, 통일로 가는 길에 결정적인 걸림돌인 '반국가단체' 조항을 살려두었는데, 이렇게 분장하면 무섭지 않은가요?

열린 '우리'(축사畜舍 개방)

열린우리당 지지율 폭락, 다 자업자득

2004. 7. 16

논평 2004. 7. 12

방미만 하면 숭미가 되나?

자기네 국민을 제물로 바치는 관계가 동맹관계냐? 노예관계냐?

숭미 외교로 비판받은 신기남 의장이 오늘 불편한 심기를 감추지 않고 '반미시위가 자주냐? 네티즌과 논쟁할 용의가 있다"며 자국민에 대한 전의를 불태웠다고 한다. 워싱턴 한국전 참전 기념비 앞에서 '혈맹'을 느끼며 몸과 마음이 함께 숙연해졌다는 신의장은 급기야 반미시위를 하는 이 땅의 촛불들에게 "역사를 알아야 한다"고 일갈했다. 방미만 하면 사람이 이렇게 되는가? 신의장은 반미시위는 도대체 '예의도 모르고, 역사도 모르는' 철부지쯤으로 폄하해버렸다. 그리고 자신의 숭미 외교가 큰 성과가 있었다며 강변했다.

자기네 나라 국민이 죽어나가는데도 파병에 환장한 것처럼 "못먹어도 고"를 외치는 노대통령의 충직한 '용기와 결단'에 미국의 전쟁광들이 얼마나 감동했겠는가? 파월 국무장관, 월포위츠 국방부장관, 해들리 안보부보좌관, 졸릭 USTR대표 등을 같은 날 오후에 한 시간 간격으로 모두 만난 걸 두고 신의장은 엄청나게 '융숭한 대접'을 받았다며 기고만장이다. 그래서 김선일씨의 피살에도 파병강행 방침을 확인한 것이 한미동맹에 대한 신뢰를 강화시켜준 것이었다고 막말을 일삼는다. 자기네 국민을 제물로 바치는 관계를 누가 '동맹'이라고 부르는가? 노예와 주인의 관계를 동맹이라고 부른다면 그것은 종속적 동맹이고 우리 국민에게는 망국적 한미동맹일 뿐이다.

한미동맹이 마치 신성불가침의 교리라도 되는 양 숭미적 태도로 일관하는 청와대와 열린우리당의 지지율이 최근 급격히 곤두박질치고 있다. 이들에게 표를 몰아준 유권자들이 배신감을 토로하며 등을 돌리고 있는 것이다.

네티즌과 논쟁하는 것은 신의장의 자유다. 그러나 자신의 숭미 외교를 합리화하기 위해 그간의 자주화운동 전체를 매도하는 신의장은 역사를 얼마나 알고 있는지 되묻지 않을 수 없다. 카스라-테프트 밀약에서부터 광주민중학살극, 북핵위기를 극단으로 조장하는 현재에 이르기까지 미국이 진정 우리에게 무엇이었는지 신의장은 답해야 한다. 우리는 애꿎은 네티즌과 용맹하게 논쟁하는 모습보다 미국의 부당한 압력에 맞서 명분 없는 전쟁을 중단하라며 논쟁하는 지도자를 보고 싶다.

놈의 침묵

2004. 7. 19

배는 갓슴니다. 아아 파병물자 잔뜩 싣고 배는 갓슴니다.
파병반대의 촛불 깨치고 이라크를 향하야 난 테러의 지뢰밭길을 거슬러
참어 떨치고 갓슴니다.

'침략전쟁 부인'의 꽃가티 굿고 빗나든 옛맹서는
차듸찬 띠끌이 되야서 한숨의 미풍에 나러갓슴니다.
미국에 '노'라고 말하겟다던 첫 '키쓰'의 추억은
노빠 운명의 지침을 돌려노코 뒷거름처서 사러젓슴니다.
노빠는 청와대에서 울려 퍼진 '임을 위한 행진곡'에 귀먹고
이미지 정치에 눈멀었슴니다.

정치도 사람의 일이라 탄핵 반대 때 미리 맛이 갈 것을 염녀하고
경계하지 아니한 것은 아니지만 세계가 철수하는 마당에
파병 강행이란 뜻밧긔 일이 되고 놀난 가슴은 새로운 울분에 터짐니다.
그러나 파병을 쓸데없는 눈물의 원천을 만들고 마는 것은
스스로 배신의 쓰디쓴 맛을 깨치는 것인 줄 아는 까닭에 것잡을 수 업는
분노의 힘을 옴겨서 반노, 반부시 투쟁의 정수박이에 드러부엇슴니다.

우리는 놈현이 맛 갈 때에 파병 강행을 염녀하는 것과 가티
파병철회투쟁으로 다시 반전 평화와 만날 것을 믿습니다.
아아 배는 갓지마는 우리는 배를 보내지 아니하얏슴니다.
제 울분을 못이기는 투쟁의 노래는 놈의 침묵을 휩싸고 돔니다.

* 7월 17일 부산 제8미군부두를 통해 이라크 파병물자를 실은 배가 몰래 떠났슴니다.
   축하 퍼레이드도 없고 꽃다발도 없는 '야반도주'처럼 말입니다.

열린 '우리'(축사畜舍 개방)

상생정치란 무엇일까요?

2004. 5. 11

상생은 음양오행 사상에서 나온 것이라지요?
水는 木과 상생하고 木은 土와 상생합니다.
그러나 음양오행에는 상생만이 아니라 상극도 있습니다.
水는 火와 상극합니다.
차떼기, 측근비리로 민중의 가슴엔 '불'이 났습니다.
이걸 끄기 위해서는 상극하는 '물'이 필요합니다.
그러니 검찰의 출구조사라는 칼(金)로
부패정치라는 썩은 나무(木)를 베어버리는 상극을
단행해야 합니다.
상극을 제대로 해야 상생도 할 수 있습니다.
자기네들끼리 상생하고 민중들과 상극하는 정치가
저들이 말하는 상생의 정치라면
거부하겠습니다.

열린 '우리' (축사畜舍 개방)

이념을 배제한 정당의 정체성? 우경화 징후

2004. 5. 3

정당의 이념이 '실용주의'라는 말을 들어보신 분 있습니까? 참 희한한 정당이지요? 잡탕당의 한계를 저런 레토릭으로 포장을 하다니. 역시 이미지 정치의 전도사답습니다.

제4장

제3지대는 '우범지대'

손학규의 탈당

오늘 손학규씨가 "낡은 수구와 무능한 좌파의 질곡을 깨고 새로운 대한민국을 위한 새 길을 창조하기 위해" 그간 몸담아왔던 '낡은 수구' 세력 한나라당을 탈당했습니다. 어제 한나라당 대선후보 경선 룰을 확정하자마자 '시간'이 다 되었는지 경선 불출마에 더해 탈당 카드를 던졌습니다. 내용으로 보면 '경선 룰' 불복인데 쪽박을 깨면서 내는 소리는 '낡은 수구의 질곡을 깨' 기 위해서랍니다. 적어도 이인제와는 차원이 다르다는 건가요? 한나라당도 손학규라는 들러리 카드로 그나마 수구일색 경선구도를 면할 수 있었는데 몰골이 좀 옹색하게 되었습니다. 그래도 손학규씨의 퍼포먼스가 한나라당 콘크리트 지지율을 얼마나 깨먹었는지 정당 지지율 여론조사가 궁금해지는 건 인지상정인가 봅니다. ("욜로, 욜로"는 범여권 통합신당을 추진하겠다는 철새 둥지에서 손학규 전지사를 부를 때 나는 경상도식 소리입니다.)

제대로 된 돌팔매

2007. 3. 22

　김홍업씨가 전남 무안·신안 지역에 민주당 후보로 4·25 재·보궐선거에 나섰습니다. 당초엔 무소속으로 나가려는 걸 민주당에서 DJ선생님 아드님인데 언감생심 맞장 뜰 수도 없고 얼른 자기 당 후보로 '전략공천'이란 걸 했습니다. 지역당을 숨기지 않는 민주당이야 그렇다고 쳐도 범여권 통합신당을 추진하는 세력들이나 심지어 한나라당의 행태를 보면 보수 정치의 3류 자질이 여지없이 드러납니다. 대통령 아들 빽으로 기업주에게 뇌물이나 받아먹던 자가 뻔뻔스럽게도 DJ의 후광을 입고 나서는데 아무런 말도 하지 않고 있습니다. 호남 지역 주의 표심의 눈치나 보는 게 중도 통합이냐고 묻고 싶군요. 가시 돋친 논평을 날리던 한나라당 나경원 대변인도 마찬가지로 호남표를 의식해 '국민이 판단할 일'이라고 꼬리를 내렸습니다. 그러면 다른 것도 다 국민이 판단할 일인데 평소엔 왜 그리 '대변'한다고 오버질을 했는지 답하셔야겠네요. 정치인 딴지걸기에 취미를 붙이신 노대통령은 손학규보다 죄질이 더 안좋아 보이는데 이거 지역주의 극복을 위해서도 한마디 하셔야 하는 거 아닌가 모르겠군요.

돌팔매

2007. 3. 20

손학규 탈당으로 정치판이 난립니다. 우선 한나라당은 호떡집에 불이 났습니다. 천막당사가 다시 등장했군요. '15년간 마셔오던 우물에 침을 뱉고 간 짓'이라며 이를 부득부득 갑니다. 민주노동당은 '철새의 도박'으로 간단히 일축했고, 뒤이어 노무현 대통령은 '반칙이나 하는 자격 없는 정치인', '보따리 장수같이 정치해서야 되겠냐?'고 비판 대열에 동참했습니다. 여기까지는 돌팔매를 날리는 쪽입니다.

그런데 그간 개혁 방귀 꽤나 뀐다던 천정배는 손학규 탈당을 계기로 반 한나라당 대통합신당에 박차를 가하겠다고 신바람을 내고, 김근태도 손전지사가 역사적 책임(?)을 다해갈 것을 당부했고, 정동영도 새로운 시대정신에 동참하는 어려운 결단을 존중한다는 등 환영 일색입니다. 열린당이나 민주당도 똑같고요. 철새의 도박을 '새로운 시대정신'과 '역사적 책임'으로 미화하는 건 일종의 국어에 대한 모독입니다. 저들이 추구하는 범여권 대통합신당을 위한 '제3지대'란 것도 손학규의 출현으로 우범지대로 변했다는 노회찬 의원의 일침이 제격이로군요.

어차피 짬뽕

2007. 1. 19

　고건의 중도 탈락 이후 그를 지지하던 표의 행방을 추적하는 여론조사 결과가 보여주는 한국정치의 자화상을 보십시오. 반 한나라당 통합신당 추진의 구심점이었던 고건이라는 구상화가 해체되자 그 지지자 대부분이 한나라당 지지라는 해괴한 추상화로 재편됩니다. 거듭된 이종교배가 불러온 국적불명의 잡종 정치가 한국정치입니다. 고건이라는 유력한 잡종을 잃어버리자 이제 수구냉전세력이라고 그렇게 욕을 해대던 한나라당의 손학규에게 손을 뻗칩니다. 보수 여야당이 그간 죽일 듯이 서로 싸워왔지만 사실은 짬뽕 국물 속에서 서로 행복하게 어울리고 있었다는 뜻이지요.

얼마나 지내려구?

2006. 6. 6

고건의 '희망연대'가 정계개편의 축으로 부상하고 있다고 합니다. '정치·연예부' 기자들이 취재할 '가십성 기사'가 봇물 터지겠죠. 대략 이런 식입니다.

> "국민 여러분, 정계개편 경주가 시작되었습니다. 1번 레인의 고건 선수, 희망연대만의 희망사항으로 그칠지 아니면 나름대로 파괴력을 가질 수 있을지 추이를 지켜봐야겠지만 이 선수 '나를 따르라'고 외칩니다. 2번 레인 민주당 선수, 호남지역주의에 뿌리를 틀고 부활에 성공한 이 선수도 자기 식의 정계개편을 선언하고 나선 상태라 고건 선수와 치열한 경합이 예상됩니다. 3번 레인 열린잡탕당 선수, 이 선수는 경쟁력 있는 대선주자를 보유하지 못해 갈짓자 행보를 하다가 해분열할 가능성이 높아 보이는데 자칭 '중도세력'이라는 안영근들이 세를 규합해 고건 선수에 힘을 싣고 있습니다……"

그런데 이런 류의 정계개편은 '정당정치'를 무가치한 것으로 만드는 독(毒)입니다. 대선주자를 중심으로 한 이합집산은 국민들로 하여금 정치란 '기회주의자들의 권력을 향한 줄서기'로 낙인찍게 만듭니다. 이념과 정책을 중심으로 한 정당인 민주노동당만 피 보는 거죠. 그러나저러나 정당정치에 대한 허무주의를 키우면 누가 좋아질까요? 정치에 대한 혐오, 정치로부터 거리두기로 한몫을 챙기는 것은 결국 시장권력입니다.

창밖의 늙은 남자들

2006. 12. 22

　노대통령이 고건 전 총리의 기용에 대해 '실패한 인사'라고 혹평을 날리자, 고전총리는 '자가당착이자 자기부정'이라며 맞받았습니다. 노대통령은 고총리 때문에 참여정부가 국민으로부터 왕따가 되었다 하고, 고총리는 노무현의 편가르기, 나누기 정치 탓이라고 합니다. 점입가경입니다. 노대통령의 고건 때리기는 열린당 통합신당론자들을 겨냥한 정치적 발언이겠지만 정작 통합신당론자들이 이제 정운찬 총장 대안론으로 기울고 있으니 고건씨도 초조한가 봅니다. 그런데 노대통령이나 고건씨의 네 탓 타령은 주소를 잘못 찾은 것 같습니다. 둘 다 민중을 배반하는 정책을 추진하긴 매일반이었으니까요.

제5장
수구 본색, 한나라

종이비행기

이명박 후보가 13일 '747 구상'이라는 걸 밝혔습니다. '7% 경제성장, 10년 내 국민소득 4만 달러 달성, 세계 7대 강국 진입'이 그것입니다. 747이라니 문득 노회찬 의원의 대선 출마선언문이 생각났습니다. "강북구 주민 378명을 가득 태운 보잉 747 점보여객기가 매년 한 대씩 추락하는 것과 같은 기막힌 현실이 전개되고 있습니다." 사회양극화 심화 때문이랍니다. "소득양극화는 자산양극화를 거쳐 교육양극화에 이르고, 다시 건강양극화로 귀결되어 악순환의 늪으로 빠져들고 있습니다." "사회양극화는 최종적으로 평균수명의 양극화로 나타나고 있습니다. 강북구의 사망위험이 강남구보다 30%나 높다는 사실이 확인된 것은 오래 전의 일입니다." 이명박 후보가 국민을 태우려는 747 점보여행기가 종이비행기는 아닌지 유심히 들여다볼 일입니다.

민생 인질범

민생법안과 연계하지 않겠다던 한나라당 강재섭 대표의 약속은 휴지통에서나 찾아봐야 할 것 같습니다. 2월 임시국회에서 한나라당은 사학족벌의 종신고용을 보장하기 위해 주택법과 국민연금법 등 민생법안들을 볼모로 잡았습니다. 3월 임시국회에서 다시 다루긴 하겠지만 연계처리 방침엔 변함이 없답니다. 폭등하던 집값이 주춤거리고 있는 것은 분양가 상한제와 민간아파트 원가공개 등을 내장하고 있는 주택 법안이 기다리고 있기 때문이라죠? 입만 열면 민생을 말하는 그 당의 대선 주자들에게 한나라당의 '연계 당론'에 대한 정치적 입장을 물어봐야 할 것 같습니다.

특사 이해찬?

또 다른 봄의 전령사 개구리들이 잠을 깨는 경칩입니다. 이해찬 전 총리가 방북을 한답니다. 김계관 부상이 뉴욕에 봄꽃을 피우고, 김정일 국방위원장은 평양의 중국대사관을 방문했다는 기사들이 함께 실렸습니다. 봄기운이 완연합니다. 봄이 오는 길목에는 의례히 꽃샘추위가 심술을 부리는 법이죠. 정형근 의원을 비롯해 한나라당 대변인들이 '대선을 앞둔 정상회담 길 닦기'라며 '정략적 정상회담 반대' 입장을 분명히 했군요. 6자회담 타결도, 전시작전권 반환도 다 한나라당을 죽이기 위한 정략으로 해석할 수 있습니다. 정치적 과대망상증이죠. 정략이면 또 어떻습니까? 그 정략을 위해 한반도에 평화체제가 공고화된다면 좋은 것 아닙니까? 정략을 위해 민생법을 볼모로 잡고 비리사학과 배를 맞추는 게 문제죠.

타짜 교체

2007. 2. 22

이명박의 비서였던 김유찬씨가 이명박 X-파일 폭로전에 가세했네요. 96년 총선 당시 이명박 상대 후보였던 이종찬 후보를 음해하기 위해 '이종찬에게 3억을 받았으며 김대중 국민회의 총재도 이를 추인했다'는 식으로 허위 '양심선언'을 했다는 거죠. 선거비용 법정 한도 수십 배를 쓰는 등 선거법을 위반하고, 이명박으로부터 1억 2천여 만 원의 도피자금을 받았다는 등의 공소시효가 만료된 제2의 양심선언을 했습니다. 정인봉의 허접한 폭로에 이은 김유찬의 폭로, 뭔가 기획된 냄새가 솔솔 풍기죠? 그런데 이건 또 누구를 위한 양심선언일까요?

'이' 대로는 안된다는 '박'의 전쟁 양상이 이들이 어떻게 한솥밥을 먹고 살았는지 의심스러울 지경입니다.

명단을 공개하라

2007. 1. 31

익명 뒤에 숨어서 나쁜 짓을 하고도 잘 먹고 잘 산다면 그걸 정당화할 수 없을 겁니다. 여기 두 개의 명단 공개가 있습니다. 하나는 유신독재의 긴급조치에 영합한 판사의 명단이고, 또 하나는 일해공원을 추진한 합천 군정조정위원회 명단입니다. 하나는 과거사 정리의 문제이고 다른 하나는 현재사 바로세우기의 문제입니다.

유신 시절 긴급조치 판사 명단 공개와 긴급조치 1, 4호로 사법 살해당한 인혁당 무죄 판결의 항소를 검찰에서 포기한다는 기사가 나란히 실렸습니다. 명단 공개가 검찰의 항소 의지를 꺾었는지는 모릅니다. 그러나 공교롭게도 겹쳐 있긴 합니다. 만에 하나, 독재와 전쟁광, 인종 학살자였지만 총통이었던 사람의 고향 오스트리아 브라우나우에서—단지 총통이었다는 이유 하나로— 히틀러를 기념하는 공원을 만들자는 사람들이 있다면 그 용감한 사람의 이름 정도는 알아야 하겠지요? 역사를 위해서도 말이죠.

세뱃돈 없다

2007. 1. 4

원희룡이 한나라당 대선 주자에 도전한답시고 전두환에게 세배를 했습니다. 나라꼴이 말이 아닙니다. 박정희 유신독재의 망령을 불러내는 푸닥거리에다가 제 나라 민중들을 학살하고 정권을 찬탈한 전두환 군사 깡패까지 떠받드는 꼴이 말 그대로 갈 데까지 가보자는 얘기인 것 같습니다. 재임 시절 수천억을 축재해 무기명 사채로 그 돈을 꿍쳐놓고 뻔뻔스레 전 재산은 29만 원밖에 없다며 '배째라'는 전두환에게 386 운동권 출신 원희룡이 넙죽 엎드린 것은 목불인견이 아니랄 수 없습니다.

경남 합천군은 '새천년 생명의 숲' 공원을 전두환의 아호 '일해' 공원으로 이름을 바꾸겠다면서요? 이런 걸 보면 김영삼부터 노무현정권까지 이어진 역사바로세우기와 과거사 청산 작업도 다 뜬구름 잡는 일 같습니다.

올드라이트보다 더 막가는 뉴라이트

2006. 11. 30

　뉴라이트라면 올드라이트의 구린내 나는 수구적 냄새는 좀 덜어낼 줄 알았습니다. 뉴라이트 '교과서포럼'이 출간할 교과서의 역사인식은 '일제 식민시대가 근대화 이행기'였고, '5·16 쿠데타가 혁명'이고 '5·18 민중항쟁이 지역 소외감에 따른 반발'이었다는 식입니다. 일본 극우파 '새역사교과서를 만드는 모임(새역모)'의 한국판 후쇼샤 교과서라는 평이 중론입니다. 최소한 우파라면 '민족주의적 색채' 정도는 가질 줄 알았습니다. 정상적인 상식을 비웃고 극우적 주장을 공공연히 내뱉는데, 이런 만용은 어디서 나오는 걸까요? 극우파 고유의 후안무치본색? 무능력한 자유주의 정권의 추락이 만든 진공상태?

민생입법 바겐세일

2006. 11. 7

한명숙 총리께서 갑자기 정부의 비정규확산법안을 법사위에 상정한다고 합니다. 말은 '민생입법을 미룰 수 없다' 지만 비정규직의 무제한 확산을 보장하고 있는 법이라 정확히 말하면 '민생을 공격하는 법' 입니다. 시장 권력이 호명한 '비정규보호입법' 은 노동시장의 무제한적 유연화를 요구하고 있습니다. 북한 핵실험으로 나라 안팎이 어수선한 이때 이른바 민생 공격법이 땡처리되려 하고 있습니다. 민주주의의 진정한 위기가 아닐 수 없습니다. 좌판에서 '골라, 골라' 를 외치는 이는 '열린 한나라' 입니다.

골프의원이 '춤'의원을 때리다

2006. 10. 25

　한나라당 국방위 소속 송영선, 공성진 두 의원이 열린당 원혜영 의원과 국감을 함께 할 수 없다며 공군작전사령부로 시찰 가는 버스에서 원의원을 기어이 끌어내렸습니다. 북한이 미사일 시험 발사를 한 '엄중한 상황'에서도 피감기관인 해군본부에서 태연자약하게 골프를 치던 의원들이 국방위 원혜영 의원이 개성공단을 방문해 춤을 춘 것을 일러 '국민과 국군장병을 우롱하는 처신'이라고 규탄했습니다. 전쟁위기로 치달리는 일촉즉발의 상황에서 평화를 위한 사절로 '춤'보다 더한 것도 할 수 있습니다. 원의원더러 국방의원직을 내놓으라는데, 대선 승리를 위해서라면 전쟁선동도 서슴지 않는 후안무치한 골프의원들이야말로 의원직을 내놓아야 하는 것 아닐까요?

아예 말라붙겠다

정치가 혐오스럽다고 기피하기만 한다면 당신은 그 혐오스런 정치의 굴레로부터 벗어날 수가 없습니다. 거리의 오물을 치우는 것은 비록 역겨운 노동일지 모르지만 그 오물을 치우지 않고서 우리가 어떻게 후대에게 깨끗한 거리를 물려줄 수 있겠습니까?

투표율이 낮을 거라고 합니다. 50%대를 넘기는 게 쉽지 않다는데 투표하지 않는 젊은이들을 꾸짖는다고 해결될까요? 낮은 투표율의 배경에는 후진적인 선거제도가 똬리를 틀고 있습니다. 대량의 사표를 발생시키는 현재와 같은 선거제도를 그대로 두는 한 다수의 유권자들을 투표장으로 불러들일 수가 없는 것이죠. 결선투표제와 완전한 비례대표제가 정착되어야 합니다. 애꿎은 청년들을 뭐라 할 것이 아니라 지역주의와 후진적인 선거제도에 기생하는 보수정치의 종신고용제부터 바꾸지 않으면 안됩니다.

작대기 보고 찍지

2006. 5. 30

이제 선거전도 하루밖에 남지 않았습니다. 박근혜 대표가 병상정치로 응축한 에너지를 폭발시키고 있습니다. 박정희 개발독재의 향수에 젖은 이들이거나 열린당이 망쳐놓은 민생경제에 지친 이들은 박근혜 대표에게서 오를레앙으로 향하는 성처녀 잔다르크의 이미지를 오버랩시키나봅니다. 바이마르공화국의 무능이 나치당이 서식할 수 있는 토양이었다면 노무현-열린우리당정권은 사멸해야 할 수구퇴행정당을 좀비처럼 되살리는 주술사가 아닌가 합니다.

'한나라당이라면 작대기만 꽂아도 찍어준다' 는 부산에서 이 오만불손당이 비례대표 공보물도 내지 않는 터무니없는 일이 벌어졌습니다. 부산의 한나라당 지지자들은 분노해야 합니다.

오버하지 말랬지?

2006. 5. 26

　오세훈 후보 대변인 나경원 의원 왈 "현장에 있었던 사람들 얘기로는 오후보가 그런 말을 한 적이 없었다고 한다. 그 자리에서 '박근혜 대표님 고맙습니다'라고 말한다는 게 가능한 얘기냐. 그렇게 말했다면 제정신이냐. 상식적으로 생각해봐라. (지지율을 생각해 그런 말을 했다면) 그게 인간이 할 말이냐?"

-오마이뉴스와 인터뷰에서

제정신도 아니고, 인간 이하의 발언이었다는 뜻이죠.
(물론 나의원은 증거 동영상을 들이대니까 서둘러 말을 바꿨습니다)

속도위반

한나라당의 부자 몸조심이 도를 넘었습니다. 지지율이 고공행진하고 있으니 결정적인 악재만 없으면 싹쓸이가 예정되어 있습니다. 제한속도 미만도 속도위반이지요. 유권자들에게 체증과 짜증을 유발시킵니다.

오세훈 후보가 교통방송 토론회 등 네 건의 방송토론회 참석을 거부했습니다. 한나라당 후보들이 토론에 나오지 않으려 합니다. 당선은 따 놓은 당상인데 굳이 방송토론에 나서서 흠집을 내지 않고 싶기 때문이겠죠. 유권자들이 열받았습니다. "유권자들은 뭘 보고 찍으라는 거냐? 후보의 자질과 철학, 정책을 알 권리가 있는 것 아니냐? 방송토론을 회피하면, 그럼 명함만 보고 찍으라고?" 물건의 품질이나 함량 표시도 하지 않고 무조건 떠넘기려는 오만방자한 독과점 횡포입니다.

무단방류

2006. 5. 17

　한나라당 부산시당위원장 공천비리 수사를 확대해나가고 있는 부산지검 공안부에 한나라당 의원들이 떼거리로 항의 방문했습니다. 수치심도 잊은 듯합니다. 처음 공천비리가 터져 나올 때는 서리 맞은 푸성귀처럼 몸을 움츠리고 고개를 숙이던 한나라당이 지지율에 아무런 영향이 없다는 걸 확인하는 순간 돌변했습니다. 부산이 아무리 조폭영화의 무대라지만 의원들 10여 명이 조폭떼거리처럼 몰려가 지검 공안부 검사를 겁박하는 건 좀 지나칩니다. 혹시 한나라당 불패 신화가 지속되고 있는 이때 그동안 꿍쳐둔 온갖 비리들을 다 털어버리려 하지 않을까요? 한나라당 묻지마 지지가 켜켜이 쌓여 그 각질층의 두께가 가늠되지 않는 부산에서 공공의 적을 수사하겠다는 검사에게 저들은 까칠한 목소리로 되받습니다.
　"니가 가라. 하와이!"
　절망만 안겨주는 부산에서 차라리 뜨고 싶다는 분이 많습니다.

홧김에

2006. 5. 9

한나라당에 대한 '마술적 지지'는 열린우리당에 대한 혐오와 증오로 구축된 것입니다. 한나라당이 이뻐서가 아니라 열린우리당의 배신과 무능이 미워서죠. 자해이고 '증오의 정치'입니다. 차떼기를 해도, 공천비리를 저질러도, 성추행을 해도, 열린우리당을 나락으로 떨어뜨릴 수만 있다면 '죽어도 좋아'식의 허무한 선택을 하는 거죠. 5·31 지방선거에서 유권자의 선택은 그야말로 '울며 겨자먹기식 선택'입니다. 이것이 한국정치의 비극입니다.

국면전환용

2006. 4. 17

지방선거를 앞두고 한명숙씨가 여성 국무총리로 지명되어 안팎의 기대를 받고 있습니다. 열린우리당이 여성 국무총리에, 여성 서울시장 후보를 세트로 내세워 한나라당에 대적한다는 정치 프로그램일 수도 있습니다. 그러나 공천비리로 얼룩진 한나라당은 4월 17일 청문회에서 한총리 지명자에 대해 과거 크리스천 아카데미 사건 등을 들먹이며 색깔을 덧씌우는 구태는 목불인견입니다. 그네들의 뿌리인 박정희 정권에 의해 탄압받은 민주화운동에 또다시 색깔까지 덧씌우다니, 적반하장도 이만저만이 아닙니다.

날치기가 믿는 것

2006. 1. 24

풀뿌리로 내려올수록 더 저질이죠. 새벽 손전등 날치기, 버스안 날치기(일명 차치기), 팩스 지령 날치기까지 수법도 다양합니다.

그런데 저들이 믿는 구석이 있습니다. 첫째는 망각이죠. 둘째는 두말할 것도 없이 지역주의 투표 행태죠. 오만방자, 방약무인, 철면피, 인두겁을 쓴 이리…. 무슨 욕을 얻어먹든 선거 때만 되면 한나라당을 찍는 지역주의의 볼모 유권자들을 믿는 거죠.

한나라당이 지키고 싶은 것

2006. 1. 12

학습권을 인질로 '비리권'을 지키고자 했던 사학에 대해 정부가 '합동감사'라는 칼을 꺼내들었습니다. 썩은 무라도 자르기를 간절히 바래봅니다.

제6장

한미 FTA 섭정

한미 FTA 섭정

미국 따라가다 보면

2007. 4. 19

은행에서 경품으로 총을 주는 나라 미국, 영화 벤허의 주인공 찰톤 헤스톤이 전미총기협회 회장인 나라, 조지 W 부시 대통령이 앞장서서 '무기 합법거래 보호법안'을 통과시키는 이 나라에서 한해 총기사고는 3만여 건, 그중 살인은 1만 1천 건, 하루 서른 명이 총 맞아 죽는 셈입니다. 월마트에서 신분증만 제시하면 총을 살 수 있다는 미국식 제도는 극단적인 '자유주의'라 할 수 있습니다. 이런 사회를 수입하자는 게 한미 FTA 개방입니다.

소가 웃는다

2007. 4. 13

한덕수, 노무현, 그리고 청와대 브리핑이 독특한 이론을 전개하고 있습니다. 한미 FTA가 양극화 해소의 기회랍니다. 노무현씨는 'FTA 반대진영이 근거 없이 양극화 주장을 하고 있으니 답답하다'고까지 합니다. 어용학자들도 신바람을 냅니다. 양극화 무관론에는 '헥서-올린 정리' 등 미국 학계의 논문까지 등장하고 있답니다. 경제력이 강한 나라와 자유무역 협정을 맺으면 약한 나라 노동자가 잘산다는 희한한 논리인데…. 학계에선 현실과 맞지 않는 논리로 판명나긴 했지만 '미국산 경제논리'를 들이대면 우리 같은 촌사람, 기죽죠. 민주노동당에서는 한미 FTA로 "구조조정 가속화 및 하청업체 단가 하락이 빚어질 수밖에 없고, 피해는 노동자와 중소기업에 돌아갈 수밖에 없다"며 경제영향평가에도 소득이 12조 줄고 실업이 16만 는다는데 말입니다.

치명상을 입은 중상자에게 모르핀만 과다하게 주사하는 게 청와대식 대중요법인가요? 서민들이 다 죽겠다고 난린데도 수치를 들먹이며 경제파탄은 아니라고 강변하는 노무현식 요설들이 활개를 치고 있습니다.

난독증 (難讀症)

2007. 4. 12

 관료들은 "안하겠다"고 얘기하지 않고 "검토해보겠다"고 얘기합니다. 안하겠다는 얘기입니다.
 그런데 정작 이런 화법에 익숙한 관료들이 한미 FTA 협상 결과 OO위원회에서 "계속 논의하겠다"는 말을 "합의했다"로 해석했습니다. 떡 줄 놈은 생각도 없는데 김칫국부터 마시라고 국민에게 들이대는 격입니다. 빈손타결을 막상 홍보하려니 없는 것도 지어냅니다.

치사하다, 치사해

　정부나 지자체의 시민단체 보조금 60% 이상이 새마을단체, 바르게살기운동협의회, 한국자유총연맹 등과 같은 관변, 혹은 우익단체에 편파적으로 특혜 배정되고 있습니다. 나머지 쥐꼬리만한 돈이 참여연대와 같은 시민단체들에 돌아가죠. 행자부와 지자체는 그것마저 한미 FTA 반대 단체들에게는 지원을 중단한답니다. 인천 연수구가 어제 "6·15 공동선언 실천을 위한 남측 준비위원회 연수본부가 작년 8월 통일한마당 행사장에서 한미 FTA 반대 홍보물을 전시했으므로 2002년부터 지급해오던 통일행사 보조금을 올해 지급하지 않겠다" 더군요. 정부 산하기관이나 상장사, 기업인들에게는 한미 FTA를 지지하는 릴레이성명 발표를 독려하면서 다른 한편으로는 정부정책에 비판적인 시민단체에 보조금으로 재갈을 물리려는 겁니다.

　묻지 마 동원과 졸렬한 배제, '참여정부' 란 이름이 쑥스럽군요.

광우병 같기도

농림부가 미국이 광우병 통제국 예비판정을 받을 사실만 홍보하고 "그래도 광우병 위험은 사라지지 않았다"는 OIE(국제수역사무국)의 과학위원회 의견은 굳이 밝히지 않아서 여론이 험악해지고 있습니다. 왜 숨겼을까요? 국무회의에서 해수부장관이 한미 FTA로 인한 수산업의 '일부' 피해를 과장한다며 노무현씨가 크게 화를 냈다죠? 마찬가지로 한미 FTA를 위해서라면 광우병 감염과 같은 '일부' 피해는 눈감고 넘어가자는 거겠죠?

국제수역사무국이란 곳도 웃깁니다. 미국소의 교차 감염으로 인한 광우병 발생 가능성을 경고하면서도 다른 한편으로는 광우병 통제국으로 판정하는 이중적 태도는 뭔가요? 수역사무국 과학위원회의 갈릴레이와 같은 '뒷담화' — "그래도 광우병 위험은 사라지지 않는다" — 에 우리 국민 건강권 사수 투쟁의 진지를 놓아야 한다는 게 서글픕니다.

벗을 준비는 되어 있다

2007. 4. 5

　FTA 잠정 합의 이후 노무현씨(대통령이라기엔 너무 낯설어져버렸습니다)가 '우리 협상팀이 너무 방어를 하는 바람에 교육과 보건 분야에서 더 개방하지 못한 점이 아쉽다'는 투로 말했습니다. 화끈하게 벗고 세계화의 레드오션에 풍덩 뛰어들어야 하는데 팬티가 거추장스럽다는 건가요? '교역깡패국가(Trade Rogue State)'에게 다 털리고도 마치 자기 스스로 벗어준 것처럼 자화자찬을 하는 걸 보면 루쉰의 '아큐'와 닮은꼴처럼 보입니다.

꼴통들 '노'를 찬양하다

2007. 4. 3

　벌거숭이 임금은 주변사람들의 칭찬에 속아 자신이 비단옷을 입었다고 착각하지요. 노대통령 탄핵을 주도했던 조순형 의원은 "한미 FTA 협상 타결 과정에서 보여준 대통령의 소신과 결단력을 높이 평가한다"고 칭찬했고, 강재섭 대표는 "노대통령 정말 대통령답더라"고 추켜세웠고, 노대통령이 대학을 나오지 않아 무식하다던 전여옥 의원은 "김현종 본부장과 김종훈 수석대표를 역사가 기억할 것"이라며 "한미 FTA의 물꼬는 노무현 대통령이 텄지만, 국회 비준까지 그 완성은 한나라당이 노대통령을 도와주고 격려하면서 결국 주체는 한나라당이 되어야 한다"고 거들었습니다. 조중동도 한결같이 노대통령의 리더십을 높이 평가한다고 입을 모았습니다. 우리나라 대표 꼴통들이 모두 입을 모아 '노무현의 FTA 리더십' 찬양에 열을 올립니다. 노대통령이 그토록 열망하던 '보수대연정'이 이루어지려나 봅니다.

탐욕과 파괴의 무한궤도

2007. 4. 2

　모든 걸 짓이기고 갑니다. 농민의 땀방울로 일군 논밭도, 치열한 작가정신으로 빚은 우리 영화도, 서민들의 허리띠를 졸라매 이룩한 금융 산업도, 자동차도, 방송도, 공공 서비스도, 심지어 나라의 국법도, 단식도, 분신으로 항거하는 이 땅의 민중도 짓밟고 한미 FTA의 무한궤도는 달려갑니다.

　14개월간 퍼주기 협상을 해오던 한미 FTA가 타결되었습니다. 오기의 승부사 노무현 대통령은 마치 이 나라와 국민의 운명까지 수탁한 듯 '빈손 타결'에 도장을 찍으려 합니다. 명백한 권력 남용입니다. 한미 FTA가 인정받을 수 없듯이, 한미 FTA 늑약에 도장을 찍는 노무현 대통령도 인정받을 수 없습니다.

때 늦은 검문

2007. 3. 27

　심상정 의원이 정부의 한미 FTA 협상을 '음주운전'이라고 비유했습니다. 개방대세론에 취해 민중에게 가해질 가공할 피해도 무시하고 국민의 검문도 불응해 돌진하는 음주운전이라는 것이죠. 민주노동당 문성현 대표가 청와대 앞에서 질주하는 한미 FTA 음주차량 단속에 나섰지만 노무현정부는 그냥 매달고 질주해왔습니다. 오늘로 20일째 단식입니다. 만시지탄이지만 천정배, 김근태 의원이 단식에 합류했군요. 임종인 의원도 곧 동참한답니다. 국민적 분노의 쓰나미를 좀 더 일찍 감지하는 능력을 가졌네요.

성적표를 숨기다

노무현 대통령이 오늘 국무회의에서 한미 FTA는 "이익이 되면 체결하고 이익이 안되면 체결 안 할 것"이라고 했답니다. 당연한 얘기지만 최근 일방적인 퍼주기식 협상에서 '체결 자체에 목적이 있다'는 의혹을 받기에 충분했으므로 '진정성'을 담은 발언인지 아리송합니다. 그래서 전제를 답니다. 이번 8차 협상을 끝으로 1년간 끌어오던 실무적 협의가 마무리된 만큼 그 내용을 국민들에게 공개하라는 것입니다. 시험을 쳤으면 성적표를 공개해야죠. 이른바 '고위급' 빅딜 이전에 나라의 운명이 걸린 사안에 대해 주권자인 국민에게 동의를 구해야 합니다. FTA 찬성 일색인 국회에 요식적인 비준절차를 거치는 것으로 국민에 대한 의무를 다했다고 판단한다면 나중에 큰 대가를 치러야 할 것입니다.

부기원같은 FTA 협상단

2007. 2. 14

한미 FTA 체결지원위원회가 만든 한미 FTA 광고를 보면 민족에 대한 벅찬 자부심으로 잠시 정신이 혼미해집니다.

(두두두두… 지축을 흔드는 말발굽 소리와 웅혼한 배경음악이 깔리면서 멘트는 시작됩니다)

개척자, 광개토대왕처럼…

(이번엔 물살을 가르는 효과음이 보태집니다)

해상왕 장보고처럼…

우리 민족에겐 뜨거운 도전의 피가 흐르고 있습니다.

세계 최대 시장을 향한 우리의 끝없는 도전!

(이 대목에서 기마부대는 미국 지도 위를 거침없이 달려갑니다)

한미자유무역협정은 우리가 경제 강국으로 도약할 새로운 기회입니다.

(개척자 광개토대왕이 탄 말이 앞다리를 치켜들며 포효하는 장면이 느린 화면으로 처리되고 마무리는 태극기 휘날리며 입니다)

대한민국의 자부심으로 세계와 경쟁합니다.

그러나 정신을 차려보면 투항자, 부기원을 맞닥뜨립니다.

FTA를 위한 전 국민 생체 실험

2007. 2. 13

　　GMO(유전자 변형식품)란 식물의 유전자를 조작해 제초제를 뿌려도 살아남는 괴물을 말합니다. 미국처럼 비행기로 농약을 뿌려대는 나라에서 발달한 기술이죠. 민주노동당 강기갑 의원은 미국이 FTA를 지렛대 삼아 한국에 GM(유전자 변형)농산물을 강요했다고 폭로했습니다. 작년 3월 미국은 한국이 아직 시행하지도 않은 GM농산물 관련법 개정을 요구했고 한국은 GM농산물과 일반 농산물을 교배해서 얻은 일부 농산물에 대해 약식으로만 심사하는 것으로 양보안을 마련했다는 것입니다. 광우병 의심 뼛조각이 섞인 쇠고기에 이어 이제는 국제적으로 국가간 이동이 제한되어 있는 GM농산물까지 개방하라는 건데 그게 한미 FTA 체결의 조건이라는 겁니다.(FTA가 선이기 때문에 이 정도의 악은 감내해야 한다?) 스위스가 미국과의 FTA 체결을 거부했던 이유가 바로 이 유전자 조작식품 수입을 반대했기 때문이죠.

매판 독재가 따로 없다

2007. 2. 2

법무부보다, 건교부보다, 재경부보다 위에 있는 게 통상교섭본부가 틀림없습니다. '투자자 국가 소송제'(ISD)의 위험성에 대해 정부 관계부처들이 명백히 반대의견을 냈음에도 간단히 묵살하고 일방 추진하고 있기 때문이죠. 여기엔 '개방형통상국가'를 만들겠다는 노대통령의 설익은 꿈이 든든한 배후가 되고 있습니다.

AIDS보다 무서운 ISD에 대한 공포가 전국을 뒤덮고 있습니다. 어제 경실련과 한미 FTA 저지범국민운동본부, 민변 등이 ISD가 우리나라 부동산정책을 무력화시킬 우려가 있다며 ISD를 한미 FTA 협정에서 배제하라고 요구했습니다. 대부분의 공공정책들이 ISD가 말하는 '수용' 혹은 '간접수용'에 해당되어 투자자들이 국가를 상대로 제소할 수 있다는 겁니다. 개발제한구역지정이나 개발부담금, 재건축 초과이익 환수, 투기 과열지구에서 양도소득 중과 등이 미국 투자자의 이익을 훼손한다는 이유로 소송대상이 될 것이며 국내 업자들도 역차별 시정을 이유로 모든 부동산대책들이 무력화된다는 거죠.

투자자 정부제소권이란?

2007. 1. 12

투자자가 정부를 제소할 수 있다는 이 조항은 미국과 FTA를 체결한 나라들 모두가 가장 치명적인 독소조항으로 꼽고 있는 것입니다. 제소권 행사의 대표적 사례 중에 캐나다 우체국의 택배서비스에 대한 미국 운송회사 UPS의 제소건이 유명합니다.

UPS는 캐나다 정부의 지원을 받는 캐나다 포스트의 택배서비스 때문에 자사 사업이 손해를 보았다며 국제분쟁조정기구에 거액의 소송을 제기해 놓은 상태랍니다. 만약 이 소송에서 캐나다가 패할 경우 캐나다의 모든 공공서비스는 미국의 경쟁기업에 의해 제소당할 처지에 놓이게 될 텐데 한미 FTA가 체결되면 곧바로 적용되겠죠.

호주도 이것만은 절대 안된다고 해서 투자자 정부제소권을 뺀 채로 미국과 FTA를 체결했습니다. 이러고도 왜 한미 FTA를 체결해야 할까요? 아! 그렇군요. 부동산 거품으로 폭리를 먹는 건설자본에겐 규제가 없어지니 이득이겠군요.

살농 대통령의 귀농

2006. 12. 19

　어제 이병완 청와대 비서실장이 오마이뉴스와 인터뷰에서 "노대통령은 올해 환갑을 맞았고 앞으로 4·50대 대통령도 나올 텐데 그런 대통령들이 퇴임 이후 사저(私邸)에만 있을 수는 없지 않느냐", "노대통령의 퇴임 후 첫 꿈은 농촌복원운동"이라고 했답니다. 농산물 수입개방과 추곡 수매제 폐지 등으로 농업을 완전히 죽여 놓고 돌아와서 누구와 더불어 농촌을 살리시려는지 궁금할 따름입니다. 퇴임 후 영남당을 만들어 정치적 영향력을 유지하려 하는 것 아니냐는 의심의 눈초리가 있다는 걸 명심하세요.

열린우리당 김선미 의원은 "국립수의과학검역원과 관세청으로부터 제출받은 2002~2006년 쇠고기 수입·검역 현황 자료를 분석한 결과 미국산 쇠고기의 수입이 금지된 2003년 12월 이후 국내에 유통된, 특정위험물질(SRM)로 추정되는 미국산 쇠고기(또는 뼈 있는 미국산 쇠고기)가 1만 8천여 톤에 달하는 것으로 나타났다"고 밝혔습니다. 그것도 주로 급식업체를 통해 유통되었다니 우리 아이들의 학교급식과 회사 식당에 풀린 거죠. 게다가 2002년부터 원산지 표시가 잘못된 것도 140건이고 미국산을 캐나다, 호주산이라고 엉터리로 기재한 것은 그중 30건이랍니다. 정말 전산오류가 이렇게 잦았다는 게 믿기지 않습니다. 호주산 쇠고기를 라면스프 재료로 쓴다는 말을 믿어야 할지…

라면도 마음 놓고 못 먹을 세상

2006. 11. 10

    미국산 쇠고기가 수입되어 시중에 유통될 예정입니다. 광우병 공포 때문에 미국산 쇠고기가 잘 팔리겠습니까? 그러면 이 고기는 동그랑땡과 같은 아이들 학교급식 식재료로, 라면 스프로 가공되어 유통될 것입니다. 앞으로 라면 봉지엔 스프재료의 원산지 표시를 하든지, 아니면 미국산 쇠고기로 스프를 만들지 않았음을 확증하지 않는다면 이제 라면 소비도 급감할 것입니다. 라면 회사는 이 문제를 심각하게 고려해야 하겠죠?

관심법으로 광우병 가려내기

2006. 10. 30

　앞으로 점심식사로 갈비탕은 못먹겠습니다. 오늘 인천 부두에 수입된 미국산 쇠고기가 시중에 나돌아 다닐 건데 불안해서 먹을 수 있겠습니까? 팩으로 싼 살코기를 육안으로만 검수한다는데 X-레이 투시검사를 왜 안하는지 모르겠습니다. 수출사인 '크릭스톤 팜스'란 미국 회사는 2004년, 2005년 세 차례나 광우병 관련으로 위반사실 3건이 적발된 회사이기도 하답니다. 게다가 앞으로 수입되는 쇠고기는 전량 검사하지도 않고 표본검사만 한다는데 살떨려서 먹겠습니까?

불난 집에 FTA 곳간 털이

2006. 10. 24

　한미 FTA 4차 협상이 속도를 내고 있습니다. 3차 협상 때까지 합의보지 못한 농업분과에서 통합 협정문을 도출했고, 다른 분과별 통합협정문안에 남아있던 '괄호'도 상당수 제거했답니다. 합의가 되지 않았던 부분을 '괄호' 쳐 두었던 건데 본협정에 도달하기 위해 부지런히 이들 괄호를 '가지치기' 한 거랍니다. 걸림돌이 제거되었으니 이제 달리는 일만 남았나요? 우리들은 통합 협정문의 내용이 무엇인지? 또 어떤 가지를 쳤는지 알 길이 없습니다. 우리 생존이 달린 문제임에 분명한데도 우리는 구경꾼, 그것도 제대로 볼 수조차 없는 구경꾼입니다.

FTA 정부 협상단의 분신술

2006. 9. 11

한미 FTA 3차 협상 결과의 핵심은 미국의 국내 일정에 맞춰 연내 타결을 목표로 하되 FTA 반대 세력들을 따돌리기 위해 분과별 개별협상으로 분산시켜 대응한다는 것입니다. 그래서 아무것도 타결되지 않았지만 웬디 커틀러와 김종훈 대표의 표정이 그렇게 밝았다는 겁니다. 한국 정부의 협상대표단은 두 마리 토끼를 잡았습니다. 미국과의 협상에서 한 치도 밀리지 않고 우리 주장을 펼쳤다는 걸 홍보할 수 있게 되었고, 분과별 개별협상 진척에 합의함으로써 연내타결을 위한 '협상의 진전 기반'을 만들었다는 것입니다.

한미 FTA가 고도의 통치행위라뇨?

2006. 8. 22

　한미 FTA 홍보대사 한덕수씨가 FTA는 '고도의 통치행위'라며 노대통령도 내년 3월 안에 타결을 강력히 희망하고 있다고 했습니다. 통치행위란 통상 '사법심사권의 적용범위에서 제외되는 국가통치의 기본에 관한 고도의 정치성을 띤 국가행위'로 쉽게 말하면 무식한 국민들 눈치 보지 않고 잘난 저네들끼리 밀어붙이겠다는 의미를 담고 있습니다. 국민 전체의 운명이 걸린 한미 FTA를 '통치행위'라고 간단히 정리하는 건 분명 과거 군사독재식 효율성 마인드입니다. 무능한 건 그렇다고 치더라도 이런 식으로 부지런을 떨면 국민에게는 재앙이죠.

물 폭 탄

2006. 7. 13

경기도가 물폭탄을 맞던 날 한미 FTA 반대를 외치던 6만 시위대는 노무현 정권으로부터 물대포를 맞았습니다. 10~40mm 온다는 잘못된 예측에 속수무책으로 당한 시민들은 이번 물난리를 물폭탄이라 부르나봅니다. 선진경제로 도약할 것이라는 잘못된 예측에 속수무책으로 당하게 될 한미 FTA 폭탄이 비슷한 거겠지요.

노대통령은 한미 FTA 협상에 대한 국민의 반대가 무지로부터 비롯된 것으로 간주하고 국내용 대책팀을 가동해 무지한 국민들에게 정신이 번쩍 드는 깨달음을 주겠답니다. 유신독재에다 '계도 민주주의'라는 기괴한 이름을 붙였듯 노리나스*께서 국민들을 계도해 '돌진적 개방'을 밀어붙이시려나?

* NAFTA를 받아들인 멕시코 살리나스 대통령을 본뜸

한미 FTA 태극전사를 응원해달라고?

2006. 7. 11

을사늑약(강제조약)을 맺을 당시에도 매국노들은 중국과 러시아의 위협으로부터 조선을 보호하고, 일본의 선진기술을 도입해 조선을 근대화하려면 조일간의 경제통합만이 살 길이라고 강변했죠. 100년이 지난 지금도 노무현과 김현종 등 친미관료들은 중국의 추격을 따돌리고 미국의 선진경제기술과 제도를 도입하는 것만이 우리가 살 길이라며 한미 경제통합을 위한 FTA를 추진하고 있습니다. 그때나 지금이나 협정문을 공개하지 않은 것은 마찬가지고요. 오늘날 한미 FTA가 이 땅의 민중에게 무엇을 가져다줄까요? 개방이 대세라고요? IMF 이후 지난 8년간 개방을 통해 우리가 얻은 게 무엇입니까? 알짜배기 기업과 은행들이 해외 초국적 자본의 손아귀에 들어갔고 민중에게는 실업과 비정규직, 양극화로 인한 고통만 가중된 것 아닙니까? 극소수 매판관료들과 자산가들은 잘 살게 되었는지 모르지만 민중에게는 재앙이었습니다. 그런데 저들을 FTA 태극전사라고 부르라고요? 친미전사더러?

태풍 웬디 한반도 강습

2006. 7. 10

한미 FTA의 미국측 협상 대표인 웬디 커틀러가 2차 협상이 "모두에게 윈-윈이 될 것"이라고 말했습니다.
글쎄요? 도대체 남한에서는 누가 Win할 수 있을까요?

왕의 남자들 줄줄이 민란 가담

2006. 7. 7

　정태인 전 국민경제비서관에 이어 이정우 전 정책실장, 박태주 전 노동비서관 등 왕의 남자들이 줄줄이 한미 FTA를 반대하는 민란에 가담했습니다. MBC PD수첩이 쏘아올린 직격탄으로 청와산성의 한쪽 귀퉁이가 크게 허물어졌습니다. 관군이 신문 통광고를 때리면서 선무공작에 나서고 있지만 PD수첩 방영 이후 잠 못 이루는 국민들을 진정시키기는 힘들어 보입니다. 황우석 2탄과 같이 PD수첩 2탄을 때리면 저 완강해 보이는 성벽도 완전히 무너져 내리지 않을까요? PD수첩, 기대하겠습니다.

FTA 1차 협상 대차대조표
미국 한가득 : 한국 빈손

2006. 6. 12

　한미 FTA 1차 협상 대차대조표가 나왔습니다. 대변은 미국요구 대폭수용, 차변 한국은 거의 '빈손' 입니다. 협상 결과의 상당 부분이 '미공개' 여서 자세한 내용을 알기 힘들지만 미국은 투기자본마저 투자로 인정받는 이득을 챙긴 반면 한국은 개성공단 한국산 인정 요구가 철저히 무시당했습니다. 미국은 17개 분야에서 공세를 펼쳤고, 한국은 겨우 4개 분야 정도에서 성과를 올렸다니 1차전 성적은 4:1로 완패가 분명해 보입니다.

　특히 미국이 압도적 우위를 보이는 서비스 분야에 검은 구름이 잔뜩 끼어 있습니다. 미국 웬디 커틀러 수석대표는 이들 주요 쟁점 협상 상황을 '매우 생산적(productive)', '정말 유익한(usefull)', '매우 좋은(good)' 논의라고 표현하고 있습니다. 1차부터 미국을 대만족시키는 협상 결과입니다. 김종훈 한국 대표는 '분명히 국익' 이라고 포장하고 있지만 포장을 걷어내면 '국치' 가 될 것 같아 걱정입니다.

국민 살려!

4·19 46주년입니다.

노대통령이 한미 FTA에 대해 "하기 나름이다. 국민을 믿고 활짝 열겠다"고 했습니다. 미국산 쇠고기 수입을 재개하는 데 대해서도 국민들의 우려가 큽니다. 미국에서 다시 광우병 의심소가 발견되었는데도 정부는 쇠고기를 수입하겠답니다. 그럼 또 뭐라고 얘기할까요? 혹시…

"먹기 나름이다. 국민들의 광우병 항체를 믿고 활짝 열겠다." 이렇게?

그럼 우리는 이렇게 얘기해야 하는 것 아닐까요?

"자신 있는 당신이나 많이 드세요."

세계화는 확실히 했다?

2006. 4. 10

　90년대 초에는 '국제경쟁력'이라는 얘기가 있었습니다. 그런데 김영삼정권 때쯤에 와서는 '국가 경쟁력'이라는 표현이 나오더군요. 어떤 분야에서 국제적인 경쟁력이 있냐? 없냐?를 따지는 것은 어느 정도 합리적인데 이제 아예 국가를 통째로 세계화의 무대에 경쟁력 있는 상품이냐 아니냐를 묻는 순간 모든 국민은 국가 경쟁력의 도구에 지나지 않게 된 것이죠.

　이 김영삼씨가 '세계화'를 언급했습니다. 김영삼씨가 지금의 상황을 뭐라고 얘기할까요? 론스타캐피털이 외환은행을 먹었고, 뉴브릿지캐피털이 제일은행을 먹었고, 해외 투기자본들이 국내 알짜배기 기업을 집어삼킬 때 김앤장이니 아더앤더슨이니 하는 것들이 컨설팅을 하고 거간꾼 노릇을 합니다. 어제는 엘리엇홀딩스가 외환은행간부에게 자문료에서 6억인가를 리베이트로 줬다던데 투기자본과 해외투자자문회사의 자회사들이 한국경제를 그 검은 손으로 주무릅니다.

살농대연정

2005. 11. 1

재보선 때는 죽일 듯 다투더니
쌀개방 비준안 통과에는 손뼉이 척척 맞다.
가히 살농대연정이라 할 만하다.

300

2007. 3. 29

지난 주말 박스오피스 순위 1등에서 5등까지 모두 외화가 차지했답니다. 헐리우드 영화 〈300〉이 일등이고요. 괴벨스의 나치 홍보물 같은 영화 〈300〉의 홍보 카피 중에 이런 말이 있더군요. "스케일에 압도 된다." 그렇습니다. 한미 FTA 4대 선결조건으로 스크린쿼터가 반 토막 난 후 지금 1년 전에 비해 한국영화의 스크린 점유율이 헐리우드에 역전되었습니다. 1년 전에는 한국영화가 7대 3으로 우위였는데 지금은 헐리우드가 7대 3으로 우위랍니다.

슬픈 '괴물'

2006. 8. 18

　봉준호 감독의 영화 '괴물'이 최단기간 1천만 관객을 돌파한 것은 스크린 쿼터 73일 시대의 슬픈 영광입니다. 뛰어난 작가 역량으로 헐리우드 영화를 압도하고 국내 팬들의 사랑을 받은 것은 상찬할 일입니다. 그러나 국내 영화 스크린의 40%를 독식하며 다른 국산 영화의 종다양성을 부지불식간에 파괴한 결과가 되어버려 우리 영화의 미래에 또 다른 그림자를 드리운 것이죠. 그래서 괴물은 원치 않은 흉물이 되어버려 슬픕니다. 민주노동당 천영세 의원은 스크린 독식을 막는 법안을 준비하고 있다고 합니다. '괴물'이 단기간 1천만이 아니라 제한된 스크린에 장기간 1천만 관객을 모아내고 나머지 스크린에 또 다른 우리 영화가 걸리는 행복한 꿈을 꾸어봅니다.

헐리우드 쓰나미

2006. 6. 8

〈다빈치코드〉와 〈미션임파서블3〉가 극장가를 완전히 장악했습니다. 언론의 찬사를 받은 문소리 주연 〈가족의 탄생〉도 고작 20만 관객이라는 참담한 성적을 내고 쓰나미에 쓸려가버렸습니다. 멀티플렉스가 편식을 강요합니다.

〈가족의 탄생〉을 보러갔는데 미션과 다빈치들이 모든 스크린을 채우고 있어 오전 8시 20분과 밤 12시 단 두 차례 상영으로 밀렸습니다. 큰맘 먹고 영화 보러 나온 터에 울며 겨자 먹기로 다빈치코드라도 볼 수밖에요.

이제 7월부터 쿼터일수가 73일로 줄어들면 '첫 주 승부'에서 밀린 다수의 한국 영화들이 관객을 만날 기회조차 갖지 못한 채 창고에 사장될 것입니다. '구타유발자들'이 모래에 묻힌 채 모든 것을 삼키는 거대한 쓰나미 앞에 망연자실해 있는 장면이 아른거립니다.

유네스코 문화다양성협약 죽이기

2006. 2. 16

한미동맹 Since 1945

제7장

골목대장 작통권 환수 반대 마빡이

2006. 9. 16

　대한민국 국민들을 웃기고 있는 골목대장 마빡이의 개그는 자해 공갈 개그더군요. 작통권 환수를 극렬하게 반대하는 보수우익들도 이와 다를 바가 별로 없습니다. 자해 공갈 개그죠.

　북한보다 네 배나 많은 세계 8위의 국방비를 지출하는 나라에서 군 작전지휘권을 외세에 의탁해야 한다고 주장하는 이들이 이른바 보수주의를 자처하고 있습니다. 국민국가에서 보수주의자는 대체로 자존감이 강한 민족주의자입니다. 작통권 환수를 반대하는 이 사람들에게 민족주의라는 단어를 붙이는 것이 모순적 형용이겠지만 굳이 민족주의로 분류한다면 자학적 민족주의쯤 되겠죠. 사실 우리가 그네들의 슬랩스틱 개그에 눈을 팔고 있는 순간 평택 대추리와 도두리에서 강제 철거가 진행되었고, 중국을 겨냥한 세계 최대의 미군기지가 전략적 유연성이라는 이름 하에 건설되고 있습니다.

그녀가 골프장에 간 까닭

2006. 9. 15

송영선 의원, 그녀는 사나운 눈매로 적을 쏘아보고 으르렁거리며 토론하는 보수우익의 맹장입니다. 작통권 환수 반대투쟁의 단골 연사로 포효하는 그녀를 향해 보수우익은 열광합니다. 그녀는 한나라당 의원총회장과 워크숍에서 울먹이며 "전시 작전통제권 문제는 목숨을 걸고 사수해야 한다. 모든 방법을 동원해 미국을 붙들어야 한다"고 호소해왔습니다. 그런 그녀가 작통권 환수 반대투쟁의 열기가 전국을 달구고 있는 지금, 철통 같은 국방 경계를 추호의 흐트러짐 없이 사수해야 할 위중한 시기에 군부대 골프장에서 사열도 아니고 라운딩을 즐겼습니다. 왜일까요?

한미동맹 since 1945

부시의 뜻대로

2006. 9. 4

　　조지고 따블로 부시는 미국 대통령의 심기를 살피느라 저들의 이라크 점령 정책에 우리 젊은이들을 볼모로 잡힌 노무현정부는 미국을 제외한 모두가 철군하는 마당에 다시 점령기한을 연장하겠답니다. 자이툰 부대가 이 지역 주민들에게 축구공만 나누어준 건 아니랍니다. 작년 7월 28일 연합뉴스에 따르면 이 지역의 저항세력 학살에 투입되는 페스메르가를 교육·훈련했다고도 하고 부패한 권위주의 정권인 쿠르드자치정부(KRG)로부터 우호적인 평가를 받고 있기도 하답니다.

기지 사용료나 내세요

2006. 8. 29

럼스펠드 국방장관이 '솔직히 북한은 한국에 군사적 위협이 되지 않는다'고 말했습니다. 그러면서 전시작전통제권 이양과 연계해 한국이 주한미군의 방위비 분담을 증액해야 한다고 요구했습니다. 이게 말이 되는 얘길까요? 주한미군을 감축한 만큼 방위비 분담은 줄어야 당연한 것 아닙니까? 그리고 평택에 건설하는 미군 기지도 대북 억지력이 아닌 동북아 기동군으로 대 중국 봉쇄 기지로 활용한다는 그네들의 계획(GPR)에 따른 건데 왜 우리가 그 비용을 분담해야 한다는 거죠? 북한이 군사적 위협도 아니라면 더더욱 미군의 남한 주둔은 미국의 필요에 의해서 이루어지는 것이고 당연히 우리는 기지 사용료를 요구해야 마땅한 것 아닙니까?

야스쿠니 참배 강행하나?

2006. 8. 14

고이즈미가 내일 야스쿠니 신사 참배를 강행한답니다. 일본의 지식인 사회에서도 지적하듯 단순히 그들의 '호국 영령'에 대한 추모를 넘어 과거 침략전쟁에 대한 미화 작업이고, 차기 자민당 총리 후보인 꼴통 보수우익 아베 장관에게 군국주의의 브레이크 없는 벤츠를 상속해주는 정치적 상징의식이기도 하기 때문에 문제가 되는 것이죠.

우리는 어떤가요? 한미군사동맹이라는 신주단지를 모시고 있는 '미제 작통권' 신사에 엎드린 꼴통들과 주한미군의 전략적 유연성을 '분사(分祀)' 해서 따로 모시자는 노무현정권의 도토리 키재기를 답답하게 지켜보는 처지 아닌가요?

작통권 반환은 좋은데…

2006. 8. 12

　국민의 생존과 국가의 존망을 걱정하며 작통권 반환은 불가하다는 입장을 밝히고 있는 전직 국방장관들이 정작 자신의 재임시절에는 작통권 환수를 추진했던 자(최세창, 조영길)들이고, 국방원로로 대접받기엔 율곡비리(이상훈, 이종구), 5·18 학살가담(김동진), 린다김 몸로비 스캔들(이양호) 등에 연루되어 자숙해야 할 자들이고, 우국충정을 말하기엔 자기네 손주들 병역기피를 묵인한 자(오자복)들입니다.

　현재 국방부는 작통권을 넘겨받는 2012년 이전까지 패트리엇 미사일, 이지스함, 차세대 전투기, 공중조기경보기 도입을 비롯해 미제 무기를 사는 데 151조를 투입하겠답니다. 이와 같은 무기체계는 북한을 넘어 중국을 견제하는 미군의 전략적 유연성에 종속되는 것으로 동북아에서 군비경쟁을 부채질하고 안보위협을 높이는 짓거리입니다. 이럴 것 같으면 작통권 반환이 무슨 의미가 있겠습니까?

한미 합방

2006. 5. 25

압송당하는 대추리

2006. 5. 7

노무현정권이 평택에 공병대를 투입하고, 미군기지 확장을 반대하는 이들을 무력 진압하였습니다. 이들은 미군이 평택에 기지를 확장해 중국을 포위하는 이른바 '동북아기동군'으로 한반도 평화를 위협한다는 데 저항했습니다. 조선 말 척왜양을 기치로 일어난 농민군을 무자비하게 도륙하던 일본군의 앞잡이정권과 노무현정권은 어떤 차별성이 있을까요?

미친 정권

2006. 4. 8

논밭을 짓이기고, 논둑을 허물고, 다리를 부수고, 저항하는 농민들과 평화운동가들을 폭력 진압하는 것은 동북아 기동군대 미군의 기지를 건설하기 위해서입니다. 한미 FTA는 중국을 따돌리기 위한 한미 경제동맹이고, 평택기지 건설은 중국을 포위하기 위한 한미 군사동맹이라고 합니다. 자기네 나라 농민과 노동자들을 생존의 벼랑으로 내몰고 자기네 나라 국민들을 전화의 위기로 몰아넣는 이 정권은 완전히 미친 정권입니다.

종속적 한미동맹

2005. 6. 13

양 정상이 기자들 앞에 서서 한미동맹은 굳건하다고 힘주어 말합니다.
모든 언론들도 한미동맹에 균열이 가지 않았다고 안도합니다.
심지어 한겨레도 그렇습니다.
저는 견고한 한미동맹을 강조하고 여기에 안도하는 이 어처구니없는 집단 무의식이 전쟁 광신도를 숭배하는 기괴한 제의처럼 느껴집니다.

종속적 한미동맹을 극복하고
동북아시아에서 미국 패권을 약화시키는 것이
훨씬 영양가 있는 일이 아닐까요?

한미동맹 since 1945

파병공조

2004. 4. 13

이라크 철군을 주장하는 무장세력에 의한
스페인 마드리드역 폭탄테러로 수백 명이 죽고 다쳤습니다.
미군이 팔루자를 봉쇄하고 이라크 민중에 대한 학살극을 자행하고 있습니다.
그런데 파병을 재검토해야 할 상황의 변화는 없다고 합니다.
이분들 당달봉사 아닌가요?
눈감고 정치를 하는 인간들입니다.

한나라-열린우리당의 파병공조,
거여견제와 거야심판으로 티격태격하지만
이게 민중을 위한 권력투쟁인지, 아니면 자기네 밥그릇 챙기기 싸움인지
묻지 않아도 알 수 있겠군요.

논평 2004. 12. 28

보무도 당당하게 파병연장동의안은 간다.
백주에 눈뜨고 당하는 꼴

파병연장동의안이 예산안과 함께 오늘 내일 처리를 앞두고 있다. 그동안 국보법 연내 폐지냐 아니냐를 두고 논란이 집중된 탓에 파병연장동의안은 제대로 토론도 되지 않았다. 말 그대로 백주에 눈뜨고 도둑맞는 꼴이다.

부시가 재선되고 난 후 미군에 의한 팔루자 대량 학살이 단행되었고 미국만의 전쟁에 전 세계가 비용을 지불해야 하는 미국의 저달러 공세로 세계경제가 침체에 빠졌다. 비유하자면 미국의 이라크 침략전쟁은 이라크 민중뿐만 아니라 전 세계 인민들의 삶을 도탄으로 몰아넣는 반인륜적 인질극이다. 참여정부의 파병연장동의안은 이 같은 범죄 행위에서 발을 뺄 의사가 없다는 것을 명확히 하는 것이며 국회는 이를 추인하게 된 꼴이다.

국가보안법을 폐지하자면서 미국에 의한 폭력적 세계지배질서 구축에 앞장서는 것은 이율배반 아닌가? 파병연장동의안을 통과시키고 난 다음 내년에는 신종 국보법이라는 테러방지법을 제정하지 않겠는가? 도대체 뭐하는 짓인지 모르겠다. 파병연장동의안 처리는 우리 후대들에게 물려주게 될 또 다른 '과거사'가 될 것이다.

민주노동당은 벙어리 냉가슴 꼴이다. 사이비개혁세력과 수구세력은 국보법을 비롯한 이른바 4대 법안 공방을 전면에 내세우며 뒷구멍으로는 재벌특혜 기업도시특별법을 통과시키고 이제 파병연장동의안을 통과시키려 하고 있다. 시민사회운동세력도 국보법에 온 힘을 집중시키고 있는 판국이니 민심의 총체적 이반을 목격하면서도 '내셔널 트레저' 한 건에 발목 잡힌 민주노동당은 울고만 싶다.

더 깊이, 확실히 파란 말야

2003. 11. 18

　재건부대나, 전투부대나 눈가리고 아웅입니다. 알카에다가 테러를 위해 한국을 답사하고, 아프간 대사관에 테러 위협이 가해져 직원들이 긴급 피신을 하는 판국에 3천 명 규모의 재건부대(전투병, 공병, 의료병 혼성부대)를 파견하시겠다고요?

논평 2005. 6. 9

노무현 대통령 부시에게 얼굴 붉힐 수 있을까?
한미정상회담, 무승부만이라도 했으면…

부시가 노무현 대통령 쪼인트까는 악몽을 꾼다. '노'라고 말하겠다는 노대통령이 자주외교를 열망하는 국민들의 기대와 달리 북한에 대한 '추가적 조치'에 합의한 몹쓸 기억 때문이다.

얼굴을 붉혀야 한다면 붉히겠다는 노대통령이 출국 전부터 동북아균형자론은 미국을 염두에 둔 게 아니고 일본을 겨냥한 것이라며 굳이 해명에 나서고, 라포트 사령관을 불러 '한미동맹이 우리 안보의 근간'이라며 비위를 맞추는 꼴을 보고 있노라니 다시금 불안이 엄습한다. 미국은 남한에 스텔스 전폭기 15대를 추가로 배치하고, 이북에서 미군 유해 발굴을 중단하면서 "25명으로 구성된 미군이 북한의 인질로 잡힐 가능성을 사전에 차단하겠다"는 따위의 군사적 긴장을 고조시키는 조치들로 바람을 잡고 있다. 남의 나라 땅에서 자기네 마음대로 핵 선제공격을 할 수도 있다는 CONPLAN-8022를 세워놓고 있는 부시와 무슨 대화를 한다는 게 애초에 글러먹은 얘기다.

사실 부시는 노대통령을 불러 이북의 우발사태에 대해 개입하는 작전계획 5029에 반발한 데 대해 엄중 문책하고, 이른바 동북아균형자 역을 맡겠다는 노대통령의 '당돌한' 도전에 대해 얼차려시키려 할 것이 불을 보듯 뻔하다. 이렇게 앞으로 뒤로 굴려 놓고 종속적 한미동맹관계에 오금을 박으면서 미군의 동북아기동군으로의 '전략적 유연성'에 호응해 미제 무기를 잔뜩 구입케 하고 나아가 자이툰부대가 전투행위에 개입할 수 있도록 경계지원임무를 수행하게 임무변경을 요구할 것이다.

6·15 5주년 민족의 공동 축제를 앞두고 초를 칠 것인지, 아니면 샴페인을 터트릴 것인지 노대통령은 결단해야 한다. 제발 무승부라도 하고 오라.

한미동맹 Since 1945

2003. 10. 29

한미동맹은 1945년 미군정부터 시작되었습니다. 극동에서 미국의 패권을 강화하기 위해 자주 독립과 통일세력을 무력으로 짓밟으며 친일세력들을 그대로 요직에 써먹은 미국과 반민족, 반민중, 반통일세력과의 종속적 동맹은 시작된 것입니다.

제 8장

전쟁의
먹장구름아
걷혀라

춘풍 김계관

2007. 3. 5

　북한 김계관 외교부 부상이 뉴욕을 찾았습니다. 6자회담의 결실인 2·13 합의의 성실한 이행을 거듭 다짐하고, 미국의 대북제재도 누그러뜨리기 위한 '화려한 외출'입니다. 며칠 전 남북 장관급 회담도 다시 열리고, 얼어붙었던 한반도에 따뜻한 봄기운이 서서히 전해지고 있습니다. 미국도 BDA 동결계좌 해제, 테러국가 명단에서 제외 등 냉전의 두꺼운 외투를 하나씩 벗어던지고 춘풍 전령사를 따뜻하게 맞이하길 바랍니다.

양심불량국가

슈퍼노트(100달러 위조지폐) 위조범은 CIA일 가능성이 높다는 독일 일간지 프랑크푸르트 〈알게마이네짜이퉁(FAZ)〉의 보도가 있었습니다. CIA가 미국 의회 승인 없이 위험지대에서 수행하는 '미션 임파서블'을 위한 공작금으로 워싱턴 근교의 비밀 인쇄소에서 찍어낸다는 주장이죠. 헐리우드 영화를 많이 봐서 그런지 그럴듯해 보이죠? 이제 미국이 해명할 차례가 되었군요. 그간 미국은 정밀 위조 인쇄 기술도 없는 북한이 슈퍼노트 위조범이라고 몰아세우고는 '증거가 있지만 비밀'이라고 우겨왔죠. 이제 보니 정말 말 못할 사연이었군요. 스필버그 감독이라면 '북한이 극비리에 CIA를 장악하고 워싱턴 근교에 비밀 위폐 인쇄소를 운영해 세계를 대상으로 추악한 전쟁을 일삼는다'는 영화를 만들어도 되겠네요.

인질 교환의 기본은 '동시행동'

206. 11. 20

"북한이 핵을 폐기하면 종전 선언하겠다"는 부시의 하노이 발언은 그간 미국의 '선 핵폐기' 주장과 별로 다르지 않습니다. 이른바 '리비아식 해법'이죠. 그리고 '종전 선언'이란 표현도 지난 해 9·19 공동성명에서 언급한 한반도 평화체제 보장을 다시 언급한 데 불과하고 오히려 당시에는 선 핵폐기가 아니라 '말 대 말, 행동 대 행동'이라는 동시 행동 원칙을 제시한 데서도 한참 후퇴한 것입니다. 인질은 원래 쌍방에서 동시에 교환하는 것입니다. 한발 한발 간격을 좁히는 것이죠.

불규칙 바운드

2006. 11. 1

　미사일발사 - 핵실험 - 추가핵실험으로 튈 것 같던 공이 갑자기 불규칙 바운드로 바뀌었습니다. 치킨게임, 마주보고 달리던 차가 갑자기 멈춘 것 같습니다. 북은 북대로 겨울을 앞두고 대북제재와 봉쇄로 고난의 행군을 할 일이 까마득하고, 부시는 부시대로 중간선거에서 상하 양원 모두 패배할 것으로 예측되는 상황인지라 득실계산을 한 것 같습니다. 다행입니다. 살얼음을 딛는 듯한 민주노동당의 방북에 때맞춰 '6자회담 복귀' 소식이 날아들었으니 민주노동당 방북단의 발걸음도 한결 가벼워지겠습니다.

핵빡이, 대선까지 가나?

　탕자쉬엔은 "평양 방문이 헛되지 않았다"며 김정일 국방위원장이 2차 핵실험은 하지 않겠다고 했다는데, 라이스는 "핵실험 안한다는 말은 듣지 못했다"고 엇갈린 얘기를 해대고 있습니다. 무엇이 진실인지, 김정일 국방위원장이 어떤 맥락에서 무슨 얘기를 했는지, 국내 언론은 또 코끼리 다리 만지깁니다. 워낙 럭비공 튀듯 예측 불가능한 일들이 많이 일어나는지라 짐작하기가 쉽지 않습니다. UN의 대북제재 결의와 미국의 PSI 포위망 구축이 진행되면서 미국 중간선거를 앞두고 2차 핵실험은 불을 보듯 뻔한 일 같았는데 오리무중입니다. 실낱 같은 평화의 실마리라도 잡아야 할 때입니다. 정부는 라이스 장관의 대남 압박에 PSI '정식 참가'를 검토한답니다. 좌파 신자유주이정권이니 군사적 충돌을 최소화하는 방향에서 PSI '정식 참가'도 가능한가봅니다. 어쨌든 이건 아니잖아요?

집권여당 정책위원장 한미 FTA 협상의 본질을 까발리다

2006. 10. 21

FTA 협상의 본질이 은연중에 드러났습니다. 미국의 핵우산 대가로 FTA를 조속 타결해야 한다는 열린당 강봉균 정책위의장의 말은 FTA 협상이 미국에 주는 '조공'이라는 말과 무엇이 다릅니까?

대북 제재와 대남 압박

2006. 10. 20

라이스 미 국무장관이 "금강산은 북한의 돈줄이다"고 했습니다. 그러니 재검토하라는 얘기죠. 물론 한국정부의 뜻에 맡기겠다고 하지만 이정도로도 한국정부는 경기가 들 지경입니다. 북한 선박에 대한 해상검색 동참 요구가 더욱 노골화되고 있습니다. 대북 제재에 더 강하게 참가하라고 한국 정부를 압박합니다. 미국이야 꽃놀이패이겠지만 우리는 생존의 문제입니다.

공미증 환자

2006. 10. 19

　라이스 미 국무장관이 온다니까 벌써부터 오한이 드나 봅니다. 미국이 보내는 사소한 신호에도 사시나무 떨 듯 떨며 '만나서' 협상도 해보기 전에 제풀에 이것저것 다 내주는 유약한 정부가 못내 측은합니다. "금강산 관광은 북한의 핵개발 자금으로 준 게 아니냐?"는 힐 차관보의 주장은 한나라당 수구 강경 보수파 송영선 의원의 주장과 다를 바 없는 것 아닙니까? 미국이 대북 경제 봉쇄 품목 중에 탁구공도 있다던데 상상력의 나래를 끝 간 데 없이 펼치면 탁구공도 인민군의 전투 '체력' 향상을 위한 군수용으로 해석할 수 있겠죠.

황야의 무법자

2006. 10. 18

미국은 미량의 방사능을 검출했다지만 시중의 언론은 온통 핵먼지를 뒤집어 쓴 듯합니다. 한미 FTA 반대의 절규는 어디에서도 찾아볼 수 없습니다. 남한 민중의 생존이 달린 한미 FTA가 대중의 시선에서 사라져버린 것 같습니다. 먼지가 걷히고 사물이 제 모습을 드러내면 FTA와 경제제재의 흉탄을 맞고 신음하는 남북한 민중의 참상을 볼 수가 있겠지요.

UN거리 잔혹사

2006. 10. 16

　　군사적 제재는 피했다지만 UN 안보리가 만장일치로 대북 제재를 결의했습니다. 차기 UN총장 반기문씨는 안보리 결의에 대해 '북 제재 한목소리를 기쁘게 생각한다'는 미국식 국제주의 시각을 여과 없이 드러냈고, 박길연 북측 대표는 회담장을 박차고 퇴장해버렸습니다. 말죽거리 잔혹사가 떠오릅니다. 폭력학생을 만드는 학교체제, 미국을 비롯한 초강대국들만의 핵패권 체제의 부당함에는 꿀 먹은 벙어리고 만만한 북한만 불량학생으로 만들어 이지메를 가하는 비겁한 체제인 것 같습니다. United Nation의 안보리가 United Neocon으로 기능하는 한 북한의 '추가적인 비행'은 통제 불능이 될 것입니다.

국민은 평화를 원한다

2006. 10. 11

　유엔 사무총장에 내정된 반기문 장관은 아직 한국 외교부장관입니다. 내년에 총장으로 취임하기 전까지 그가 해야 할 일은 한반도의 위기를 평화적으로 해결하는 외교적 능력을 보이는 것입니다. 그런데 이 외교부의 공식 입장인지 알 수는 없으나 그의 부하인 제1차관이라는 자가 "PSI(대량살상무기확산 방지구상)에 부분적으로, 사안별로 참가하려고 한다"는 입장을 밝혔습니다. 미국, 일본 등과 '조율된 조치'를 취한다는 게 군사적 충돌을 유발할 가능성이 높은 PSI에 동참하는 것이라면 이것은 사태를 더욱 악화시키는 길입니다. 미, 일의 강경한 대북봉쇄를 완화하도록 조율하기보다 미, 일의 강경책에 조율되는 것은 결국 우리 민족의 운명을 미, 일의 이익에 고스란히 내맡기는 길이 될 것입니다.

떠넘기기

2006. 10. 10

　미국이 북한의 핵실험에도 불구하고 북한을 핵보유국으로 인정하지 않고 있답니다. 좀 의아하지 않습니까? 미국은 북한이 핵개발 의사가 없다고 극구 부인할 땐 북한이 몰래 핵무기를 제조하고 있다고 세계에서 가장 먼저 떠들었습니다. 시도 때도 없이 북한이 보유한 핵무기가 몇 개네, 몇 개네, 할 땐 언제고 이제와 북한이 공식적으로 핵실험까지 마친 마당에 핵보유 사실을 인정하지 않겠다는 태도를 취한답니다. 없는 핵도 미국이 있다고 하면 있는 것이고, 있는 것도 미국이 없다고 하면 없는 것이 되는 게 미국 중심의 핵질서인가요?

묵살에는 묵살로

2006. 9. 19

　북핵의 평화적 해결을 위해 공동의 포괄적 접근방안에 합의했다더니 정상회담 끝나자마자 미국 정부는 포괄적 접근방안이고 뭐고 강경 대북 제재에 나섰습니다. 외교적 해결책 어쩌구 하는 얘기도 한낱 뜬구름 잡는 얘기였나 봅니다. 한국 정부의 요청도 일거에 무시했습니다. 부시가 노대통령을 존중하는 마음이 꼬물만큼이라도 있었다면 회담 끝나기를 기다려 곧바로 대북제재에 들어가는 이런 비례(非禮)를 어떻게 범할까요?

징검다리라도 놓아라

2006. 9. 18

　내일이면 한반도 평화체제의 이정표를 마련했던 북미간 9·19 공동성명이 발표된 지 1년째입니다. 1년이 지난 오늘 평화는 간 곳 없고 전쟁의 먹장구름만 한반도를 자욱하게 덮고 있습니다. 따지고 보면 공동성명을 발표하자마자 경수로 건설을 둘러싸고 곧바로 이견을 드러내고 미국이 북한의 해외계좌를 동결하고 각종 대북제재의 고삐를 거세게 조인 것에서부터 오늘날 한반도 위기가 초래된 것이죠. 그것이 급기야 북한 미사일 실험발사와 미국의 유엔 안보리 제재 조치로 이어지고 막다른 골목으로 내몰린 북한이 핵실험 카드를 뽑아들게 만드는 극단적인 치킨게임이 되고 있습니다. '포괄적 접근방안'도 좋지만 당장 위기를 해소하는 '구체적 접근방안'이 나와야 합니다. 그건 남북이 먼저 할 수 있는 것이죠.

황새와 뱁새

2006. 7. 25

　북한이 미사일 발사 연습을 했다고 유엔 안보리가 북한을 왕따시키는 대북 결의안이 통과된 지 6일 후 미국이 대륙간탄도미사일(ICBM) 미뉴트맨 3호를 발사했습니다. 비행거리 약 6,650km. 물론 미국이 하면 로맨스입니다. 이른바 '미국 예외주의' 지요. 뉴욕에 있는 유엔은 미동도 하지 않습니다.

　얼마 전에 세계에서 가장 위험한 나라가 어디냐는 국제적인 조사에서 부동의 1위는 미국이었습니다. 2위는 단연 깡패국가 미국이 후원하는 이스라엘 아닐까요? 여기에 비하면 북한은 뱁새 수준이죠.

내려놓고, 풀어놓아라

2006. 7. 20

　북한이 이산가족 상봉 창구를 닫아버렸습니다. 얼마 전 장관급 회담이 아무 성과 없이 끝나면서 북측이 쌀과 비료지원과 이산가족 상봉을 인도주의적 사업이라는 패키지로 묶어서 논의하자고 했는데 남측에서 미사일과 6자회담의 '출구'가 나오기 전까지는 그 인도주의적 사업은 논의할 수 없다고 한 바람에 이산가족 상봉 논의까지 남측이 거절한 꼴이 된 셈이죠. 부시와 남한 보수 세력에게 휘둘리는 정부 당국자가 결국 남북 사이의 가느다란 끈조차 잃어버렸으니 딱한 노릇입니다.

　북이나 남이나 무겁게 지고 있는 것들을 다 내려놓고, 서로에게 줄 수 있는 것들은 아낌없이 풀어놓을 때 한반도를 지루하게 덮고 있는 먹장구름도 걷히 겠죠.

남북 장관급 회담 결렬되어서 좋겠다

2006. 7. 14

　이솝우화에 나오는 두루미와 여우의 식탁을 생각나게 하는 회담이었습니다. 서로가 먹을 수 없는 식탁을 차려놓고 먹으라는 한심한 자리에 오래 앉아 있을 이유가 없겠지요. 그나마 남북관계의 끈이라도 잡고 있어야 살얼음같이 경색된 국면을 헤쳐 나갈 수 있을 텐데 통일부장관이 보수 세력 눈치를 너무 많이 본 탓일까요? 이제부터는 손가락이나 빨고 앉아 있어야 하겠군요. 부시나 고이즈미만 좋을 일 시켰습니다. 지지리도…

미사일 고스톱 판

2006. 7. 8

대포동 2호를 또 쏜답니다. 유엔안보리도 솜방망이고, 미국도 딱히 묘수를 찾지 못하고 있는 상황이다 보니 투고를 부르는 것 같습니다. 지난번에 동해 안에 떨어진 대포동 2호는 '자뻑'이라는 설도 있습니다. 북한이 마지막으로 들고 있는 패는 뭘까요?

*미국까지 도달한다는 장거리 미사일을 북측이 일부러 동해 바다에 빠뜨렸다는 설입니다. 위협을 가하되 적당한 선에서 멈추었다는 얘기죠. 이건 어쨌든 믿거나 말거나입니다.

대화하자고 미사일을 쏘다

2006. 7. 5

북한은 미사일 발사에 대해 나라의 자주권에 해당하는 문제인데 웬 호들갑이냐고 짐짓 딴전을 피우고 있습니다. 그러나 미국의 독립기념일이었던 7월 4일을 갓 넘긴 5일 새벽에, 게다가 미국의 디스커버리호 발사 시점에 미사일 발사를 했다는 건 세계적으로 미사일 발사능력을 과시하기 위한 조치였다는 걸 숨기기는 힘듭니다. 분명히 그런 의도였을 거고, 6자회담 복귀 요구에 대해 '북미 양자대화'를 하자는 강한 주문을 담고 있는 것입니다.

세상에! 대화하자고 미사일을 쏴야 하는 상황입니다. 걸리버가 환생한다면 오늘의 세계가 릴리풋 왕국처럼 보이겠죠?

제 9장
보수적인, 너무나 보수적인 사법부

재벌총수는 골드칼라?

2007. 2. 6

특정경제가중처벌법상 90억 이상 먹은 건 최저가 5년인데 3천억짜리 범죄에 최저보다 2년 깎아 3년이라니? 게다가 '방어권 보장' 차원에서 불구속! 법원 좋아졌군요. '방어권'까지 살뜰히 챙겨주시고… "민주노조운동 발전과 노사관계 민주화에 공이 많은" 노동자들은 제꺽 구속시키던 법원이 "외환위기를 극복하고 경제발전에 공이 많기 때문에" 수천억을 도둑질한 도둑놈은 방어권까지 보장하네요. 화이트칼라 범죄에 엄정 대응하라는 이용훈 대법원장의 훈시도 골드칼라 재벌 총수에겐 통하지 않았나봅니다.

체코 속담에 법이란 약한 놈은 걸리지만 강자는 뚫고 지나가버리는 거미줄과 같다는 말이 있죠. 그렇습니다. 여전히 법은 만인에게 평등하다지만 단지 돈 있고 빽 있는 만 명 앞에만 평등할 뿐이고, 유전이면 무죄고 약자에겐 오랏줄, 강자에겐 거미줄입니다.

그때그때 달라요

2007. 1. 23

    북한의 '선군정치 찬양 등 30문 30답 지침서를 만들었다'는 조선일보 기사에 대해 전교조는 '그런 지침서를 본 적이 없다'고 합니다. 미국과 북한의 주장을 균형 있게 설명한 30문 30답이 있는데 "조선일보는 그중 북측 주장만 따로 떼어내서 선군정치 찬양 지침서로 둔갑시킨 것 같다"고요. 이럴 것 같으면 조선일보의 기사 중 일부만 인용해 조선일보가 친북 매체라고 주장해도 할 말이 없겠죠. 게다가 교육부, 통일부 사이트뿐만 아니라 조선, 중앙과 같은 언론 사이트에 있는 비슷한 사진을 인터넷에 올린 게 죄가 된답니다. 구속, 불구속 이전에 범죄의 구성요건조차 제대로 갖추고 있는 건지 의심스럽습니다. 어떻게 이런 중세적 상황이 가능한 걸까요? 전교조는 마구잡이 마녀사냥을 해도 된다는 허가증이 나왔던가요?

특별사면 3관왕 되려나?

2006. 12. 14

　전경련 등 자본가단체들이 자기네 동지들의 사면복권을 청원했습니다. 오는 28일 대기업·중소기업 상생협력보고대회를 앞두고 노무현 대통령은 김우중씨와 박용성 두산 전 회장에 대해 사면을 적극 검토 중이랍니다. 노회찬 의원은 "대기업 범죄행위를 면제해줘야 상생협력이 되냐?"며 특히 김우중씨가 이번 성탄절 사면 대상이 된다면 지난 1995년 원전설비 뇌물수수 범죄 사면, 1997년 노태우 불법비자금 조성 범죄 사면에 이어 서민들은 꿈도 못 꿀 '사면 3관왕'에 오르게 된답니다.
　대법원장이 화이트칼라 범죄에 대해 더욱 단호하게 대처하라고 하면 뭐합니까? 대통령이 시장권력에 눈치나 살피며 범죄 세탁을 하고 있는 판국에…

사상검증식 사시 면접

2006. 11. 28

사시 2차 합격자 1,002명을 대상으로 3차 면접을 치른 결과 부적격자 26명에 대해 '심층면접'이 실시되었답니다. 금강산관광 존속 여부, 국가보안법 존폐 여부, 한미 FTA 등에 대한 소신 발언을 한 일부 응시생들이 심층면접 대상자로 분류되었고, 이들은 면접관들의 취조에 가까운 공격적인 질문을 받고 "양심의 자유에 반하는 준법서약서를 쓰는 분위기였다"고 토로했습니다. 인터넷 실명제를 반대했던 한 응시자는 이러저러한 유도심문에 걸려 "자네는 결국 국가보안법을 폐지해야 한다는 입장이겠구먼, 그렇게 생각한다면 어쩔 수 없지"란 면접관의 싸늘한 답을 들어야 했답니다. 이 과정에서도 끝까지 자신의 양심을 꺾지 않은 이들도 있었다니 다행이라고 해야 할까요? 그는 최종 관문 앞에서 결국 탈락의 고배를 마시지 않을까요? 양심의 자유를 취급하는 법관을 선발하는 과정에서부터 자신의 양심에 반하는 허위 자백을 강요받아야 했다는 이 사실을 어떻게 받아들여야 할까요?

인권의 무게

2006. 8. 16

오늘 이용훈 대법원장이 전 고법 부장판사까지 연루된 대형 법조비리에 대해 대국민 사과를 했습니다. '사법 불신'을 극복하기 위해 법관들의 뼈를 깎는 자성을 촉구하고 있습니다. 구구절절 옳은 말씀이더군요. 대법원장의 사과가 말 그대로 뼈를 깎는지, 아니면 때만 미는 것인지는 앞으로 법조브로커 뇌물 스캔들의 조관행 전 부장판사 재판이 어떻게 진행되는지 지켜볼 일입니다.

내가 입 열면 여럿이 다친다!

전 고법 부장판사가 법조브로커의 뇌물로 청탁을 받고 부당한 판결을 내렸다는 거 쉽게 인정하지 않겠죠. 유전무죄고 무전유죄가 이미 사회의 상식이 된 지금도 자존심 센 판사가 브로커 청탁을 받고 판결을 내렸다는 걸 인정한다는 건 쉽지 않을 것입니다. 그러니 '다단계의 알선'을 거쳐 재판결과에 영향을 끼치게 되는 것인데 문제는 이와 같은 다단계 알선구조인 셈이죠. 구속된 부장판사의 이름도 아이러니하게도 조관행입니다.(일찍부터 이런 관행이 몸과 이름에까지 배어 있다는 얘긴가?) 이제 이분은 후배 검사, 판사들 앞에서 "내가 입을 열면 여럿 다친다"며 다단계 알선이 아닌 법원과 '직거래'를 시도하고 있습니다.

대법원은 오른쪽 노만 젓는다

2006. 6. 9

　미국의 보수양당체제의 정치지형에서 미국 시민운동은 이른바 '사법행동주의(judicial activism)'라는 운동 형태를 띠어왔습니다. 정당정치를 통한 사회진보의 기대를 일찌감치 포기하고 대법원의 '진보적 판결'을 끌어냄으로써 변화를 추구해왔던 것입니다. 이제 그런 방식의 운동도 부시행정부 들어 오코너 퇴임 이후 대법관들이 보수파들로 채워짐으로써 끝났습니다. 이제 미국 시민운동은 사법행동주의를 통해 이룩한 성과들(낙태의 권리 등)을 무너뜨리려는 사법부에 맞서야 하는 상황에 직면했습니다.

우리 경우는 어떤가요? 사법행동주의 근처에 가보지도 못했죠. 아니 그것보다 사법부가 무지막지한 파워를 갖고 있다는 걸 확인한 몇 번의 계기가 있었습니다. 헌재가 대통령의 탄핵을 최종 결정한다는 걸 온 국민들이 아는 순간, 행정수도 이전에 대해 '관심법인지 관습헌법' 인지를 들이대며 위헌이라고 판시한 순간, 우리는 선출되지 않은 권력이 세상을 한순간에 뒤집어 놓을 수 있다는 사실에 몸서리쳤었죠.

수구 보수정당인 한나라당이 사법행동주의를 적극 실천에 옮겼습니다. 보수일색의 사법부를 최대한 활용한 거죠. 정치의 자리를 대신하는 사법 권력에 대해 경계심을 가져야 한다는 얘기가 아마 이때부터 흘러나왔죠.

그런데 오늘 신임대법관 인선을 보세요. 대법원의 사건부담을 줄이고 정책법원으로 기능을 강화하려는 취지에서 고법 상고부 설치 등이 논의되고 있는 판국에 학계나 진보적인 시민사회운동에서 추천한 이들은 완전히 배제한 상태에서 신임대법관 모두 법관 출신 인사들에다가 대체로 보수성향의 인사들로 채웠습니다. 이홍훈 서울중앙지법원장이나 전수안 광주지법원장 정도를 진보적 성향으로 분류하는가본데 냉전시대의 유물 국보법 사건에 대해 합리적인 판결을 한 것, 기업 범죄에 대해 응당한 양형을 때린 걸로 '진보'를 운위한다는 것 자체가 대법원이 얼마나 보수적인가를 역으로 보여주는 것에 불과한 것입니다. 신임 법관들을 추천한 이용훈 대법원장이 "대법관은… 사회의 다양한 가치를 조화시킬 수 있는 지혜가 있어야 하고, 미래지향적인 사고를 지녀야 할 것"이라고 했지만 대법원은 여전히 오른쪽 깜박이만 깜박거리고 있습니다.

큰 형님께 감사해

2005. 12. 17

두산 3형제가 불구속 처리되었습니다. 불법 비자금을 조성하고 분식회계를 일삼은 경제범에게 검찰은 한없이 관대합니다. 죽은 권력에만 칼을 대는 검찰, 정상명 신임검찰의 간땡이가 콩알만한가 봅니다. 따지고 보면 이것도 이건희의 무사 귀환을 위한 주단을 깐 것이겠지요?

논평 2005. 11. 10

끈 떨어진 놈만 잡는구나.
떼도둑 두산 일가 전원 불구속이 국익이라고?

정의가 없으면 국익도 없다. 최소 3백억대의 비자금을 조성하고, 이중장부 분식회계를 일삼은 재벌에 대해 이른바 국익이라는 이름으로 비호한다면 해외투자자들이 어떻게 한국에 투자를 하겠는가? 부산 아펙을 앞두고 전경련이 반부패선언을 한다 어쩐다 해서 기업투명성을 높여 국가의 신인도를 끌어올리겠다고 법석인데 정작 추상같아야 할 검찰이 부패를 덮음으로써 신인도 하락에 앞장서고 있다. 이것이 어떻게 국익과 연관된단 말인가?

박용성 전 회장이 국제올림픽위원회(IOC) 위원이고, 국제상공회의소(ICC) 회장을 맡고 있어서 구속할 경우 국익에 손상이 된다고? 그러면 기업의 돈을 빼돌려 총수 일가의 주식인수대금 이자를 대납하도록 하는 도둑놈을 그대로 IOC, ICC 위원으로 미는 게 국익이란 얘기인데, 이게 제정신으로 할 소린지 모르겠다.

정상명 검찰총장 내정자의 첫 작품이 너무 초현실적이라 이해하기 난해하다. 인권을 중시해 인신구속을 능사로 하지 않겠다는 강한 의지라면 그렇게 이해할 수도 있으련만 IOC 위원이신 삼성 이건희 회장에 대한 사법처리가 불가피해질 경우를 대비해 미리 선례를 만든 건 아닌지 참으로 의뭉스러워 보인다.

세무관행

2005. 5. 31

논평 2005. 5. 26

똥 묻은 개들 세금포탈이
세무관행이라고요?

　대통령도 죽였다 살렸다 하는 헌법재판관이 그 근엄한 법복 속에서 세금을 뻥땅치는 호박씨를 까고 계셨단 말씀이죠? 요런 잔재주로 관습헌법이라는 희한한 논리도 만들어내고, 세계가 비웃는 반인권 악법 국가보안법을 합헌이라 판시하셨던 것이죠. 근엄하기 짝이 없는 표정을 짓고 방망이를 두드리며 고액 임대료로 세입자를 착취하고, 탈세를 무마하려고 매수하고, 조세소송 전문가 실력을 발휘해 국세청을 기만하고, 못난 백성 위에 군림하셨던 거지요.
　당신은 몰랐다고요? 부인 통장에 임대료가 꽂혔고, 부인이 세무사에게 맡겼는데 이런 게 당시 세무관행이었다고요? 나라의 기강을 엄정하게 세워야 할 헌법재판관의 그 근엄한 입술을 비집고 이런 구역질나는 말이 흘러나와도 되나요? 무지렁이 백성들은 몰랐군요. 10년 동안 3억씩이나 세금도둑질 해먹는 게 관행이었는데 백성들만 몰랐군요!
　억장이 무너집니다. 이것 보세요. 노동자들은요, 회사측에 매수된 대의원이 비리의 말단 사슬로 구실한 죄로 민주노조 전체가 여론의 뭇매를 맞고 석고대죄를 합니다. 그런데 '몰랐다. 결과적으로 물의를 빚어 유감스럽게 생각' 한다? '유감스럽다' 도 아니고 '유감스럽게 생각' 한다? 이것 보세요, 뭘 생각해요? 당신 문젠데! 뭘 남의 일처럼 그렇게 한가롭게 얘기하세요. 하긴 당신은 억울하겠지요. 다들 '관행' 으로 도둑질을 하는데 재수 없게 나만 걸렸다고 생각하시겠지요.
　그렇군요. 당신 말고도 똥 묻은 개들이 얼마나 많은데!

관습헌법, 그런 것도 있었나?

2004. 10. 26

황당했지요. 관습헌법이라… 그런 것도 있었나? 우리 국민들의 법상식을 한 단계 업그레이드시킨 것은 헌재의 공입니다. 그러나 성문헌법문에 있지도 않은 관습을 따르지 않았다고 '위헌'이라고 판시하는 저들의 가공할 '전복적 상상력'에는 가열찬 똥침을 날리고 싶더군요. 전효숙 재판관을 제외한 헌재 꼴통들의 골통을 해부해보고 싶은 욕망을 느낀 국민이 어디 저 하나뿐이었겠어요?

사실 저들은 노무현이를 엿먹이고 싶었겠지요. 위헌이라는 결정을 '관심법'으로 굳혀놓고 이제 짜맞추기를 시도하는 겁니다. 그러다보니 세계 법 해석사에 유래가 없는 성문법 체제에서 '관습 헌법 위헌'이라는 웃기는 결정을 내린 것이지요.

어쨌든 이런 헌재의 폭거도 노무현의 노동자, 농민에 대한 반민중적 정책으로 지지기반이 와해된 상태니까 가능한 거겠지요.

제10장

부동산 타짜 하우스

타짜하우스 군불 때기

2006. 11. 14

도대체 한 일이 뭐요? 부동산 타짜 하우스에 군불 땐 거 말고…
심상정 의원 왈,
"지금까지 15년간 한해 평균 50만 채씩 지었다. 그래서 총 8백만 채가 늘었다. 그런데도 집 없는 사람들 비율은 별로 줄지 않았다. 추가로 지은 집들이 집부자와 투기꾼에게로 돌아갔다는 얘기"라며 "공급확대책은 투기 수요에 계속 불쏘시개를 제공함으로써 집값을 끌어올리는 데 기여했다. 서민들은 집으로부터 더 멀어졌다. 공급확대책은 부동산 투기를 부추기고 집 없는 서민과는 거리를 더 벌리는 거꾸로 된 정책이다."

올해 최대의 거짓말

2006. 12. 26

　MBC PD수첩이 실시한 2006년 최대의 거짓말 설문조사 결과 정부의 '부동산 안정대책'이 1등을 차지했답니다. 황우석의 배아줄기세포 논문조작과 단군 이래 최대의 사기 사건이라는 주수도 회장의 JU 다단계 사기 사건마저 젖혔다니 집값 폭등에 대한 국민들의 분노가 얼마나 큰지 알 것 같습니다.

누가 누굴 잡아?

2006. 11. 16

　부동산 정책의 총괄권한이 재경부로 이양된 것은 고양이가 생선을 맡은 결과입니다. 재경부 장관이 발표한 11·15 부동산 대책이란 것도 말로는 부동산 투기를 잡는 대책이라지만 실은 경기부양을 위한 공급확대 정책이 그 골자입니다. 백 수십 채씩 부동산을 보유하고 있는 다주택자들의 주책담보 대출을 막아야 하는데 정작 이런 대목은 빠져 있습니다. 정답을 일부러 피해나갔습니다. 분양가를 낮추려면 환매조건부로 공영개발하고, 원가 공개하고, 후분양제를 실시하면 됩니다. 철학과 의지를 밀고 갈 배짱이 없는 것이죠. 부동산 투기를 잡겠다던 노무현정부는 임기 내내 헛발질만 하다가 결국 건설족들과 투기세력들에 백기 투항한 꼴입니다.

이백만 달러 홍보수석

2006. 11. 13

추병직 건교부장관과 청와대 이백만 홍보수석에 대한 사퇴여론이 확산되고 있습니다. 희생양을 잡아야 할 때인가 봅니다. 요즘 부동산 투기업자들은 돼지꿈이 아니라 노무현꿈을 꾸면 대박이 터진다고들 합니다. 강남을 중심으로 한 서울 집값뿐 아니라 행정중심도시, 혁신도시, 기업도시 등 전국을 투기판으로 만든 노무현정부의 공급중심 부동산 정책의 파산입니다. "지금 사면 낭패를 본다"며 '부동산 투기세력'에게 책임을 전가하는 논리를 펴던 이백만 홍보수석이 지난 4년간 강남에 아파트 두 채를 깔고 20억을 벌어들인 부동산 부자라는 게 밝혀지면서 서민들의 분노는 불난 집에 기름을 끼얹은 꼴이 되었습니다. 20억이면 2백만 달러입니다. 이백만 홍보수석은 자신의 이름을 지어준 부모님 덕분에 이백만 달러 홍보수석이라는 별호를 얻게 되겠군요.

8·31 부동산 대책, 그 후 1년

2006. 8. 30

　8월 30일이면 작년 8·31 부동산 대책이 발표된 지 1년째입니다. 1년이 지난 오늘 강남을 비롯한 서울, 수도권의 아파트 값은 두 자리 수 상승률을 보이고 있습니다. 강남 부자들은 부동산 대책이 나올 때마다 일정기간 지나면 꾸준히 집값이 올랐다며 참여정부를 칭찬해마지 않습니다.

주택정책의 자살

2006. 5. 16

전직 서울시 주택국장이 한강에 투신자살을 했다는 기사를 봤습니다. 그런데 저는 그만 그 기사의 제목을 '서울시 주택정책 한강 투신자살'로 읽어버렸습니다. 어찌 보면 처음부터 '주택정책'이라는 게 태어나지 않았을 수도 있습니다. 우리가 알고 있는 건 '부동산정책'이지요.

적도에서 북위 38도나 떨어져 매서운 겨울을 맞아야 하는 이 땅에서 얼어 죽지 않고 살고 싶은 인간에게 주택은 기본권에 해당하는 정주공간입니다. 그러나 '주택'은 서울 강남에서 황금알을 낳는 자본주의적 상품으로 거래되면서 '부동산'에게 자신의 자리를 내어주고 말았습니다. 주택의 자리를 대신한 부동산은 고단한 서민에게 더 이상 정주의 공간이 아닙니다. 가파른 고갯길의 이삿짐 무게만큼 서민을 짓누르는 그 무엇이 되어버렸습니다.

세금폭탄

2005. 9. 6

8·31 부동산대책이 나오니까 조중동이 앞장서서 '세금폭탄' 론을 들고 나왔죠. 언론 하는 것들이 토지의 공적 이용을 앞장서 가로막는 나라는 "짝짝짝 짝 짝짝 대한민국!" 밖에 없다죠? 철학빈곤의 참여정부는 깨갱하며 꼬리를 내리고 투기수요를 좇는 공급대책을 끼워 넣어 제 2 판교 사태를 불러일으키는 송파 신도시를 공급한다고 해서 투기를 부추기는 꼴이 되고 있습니다. 대통령이나 경제부총리가 일시적인 현상이라고 얘기하고 투기에 참여한 이들은 '상투를 잡는 꼴' 이 될 것이라고 단언하고 있으니 좀 더 지켜봐야겠지만 부동산 투기를 잡는 뻔한 길을 놔두고 저렇게 힘들여 에둘러가는 심뽀가 뭔지 참 궁금해요.

연말 불우이웃 돕기? 우린 그런 거 모른다

2006. 12. 27

　올해도 새해 예산안이 법정 처리시한을 훌쩍 넘겼습니다. 작년에도 그랬고 재작년에도 그랬습니다. 정상 처리가 오히려 예외처럼 느껴질 정돕니다. 헌법에 국회는 회계년도 개시 30일 전, 즉 12월 2일까지 예산안을 처리하도록 명시하고 있는데 법을 만드는 의원들이 밥 먹듯 법을 어겨 온 것이죠. 오죽했으면 작년에는 기획예산처 장관이 헌법소원을 낼 생각까지 하셨을까요?

　늑장처리만이 아닙니다. 대선용 선심 예산, 자기 지역구관리용 토목건설 예산은 잔뜩 증액하고 사회적 일자리 예산과 대북지원 예산은 삭감했습니다. 사회 양극화 대책과 대북화해 정책보다는 건설족과 지역구민들에게 환심을 사는 게 중요하다는 거죠.

불을 질러라, 질러!

2006. 5. 10

세네카가 네로황제에게 그랬나요? "로마를 불 질러도 제발 노래만은 부르지 말라"고요. 고달픈 살림살이로 서민들의 가슴이 새까맣게 타들어 가는데 보수 양당 시장후보라는 분들이 하는 얘기가 가관입니다. 강금실과 오세훈 두 분 다 잘나가는 변호사로 자신들이 밝힌 월수입만 1,500만 원, 두 분 다 강북 서민들의 표심을 잡기 위해 자기가 '진품 서민'이라고 주장을 합니다. 이상한 논리도 동원됩니다. '돈이 많고 적고를 떠나 생활 속에서 스트레스를 느끼면 서민'이랍니다. 좌파 신자유주의라는 모순적 형용의 연장인가요? '한미 FTA가 양극화 해소'요, '사회안전망'이고, '1,500만 원이 서민'입니다. 노무현 대통령에서부터 한나라당 오세훈 후보까지 모두 초현실주의적인 그림을 그려댑니다. 그럼 우리는 뭐라고 얘기해야 합니까? 제발 '신나만은 끼얹지 마라'고 할까요?

제11장

노조가 귀족이면
임원은 황족이냐?

노조가 귀족이면 임원은 황족이냐?

2007. 1. 16

　현대차 노조만 때리기 미안했는지 노조 쪽의 항변도 조금씩 언론을 통해 새어나오고 있긴 합니다. 그동안 언론에서는 노조가 왜 파업을 결정하게 되었는지 그 인과관계는 외면하고 철저히 자본의 나팔수 역할만 해왔습니다. 주기로 약속한 돈을 일방적으로 떼어먹은 쪽이 마치 법과 원칙을 지키는 것처럼 포장되고 노조는 생떼나 쓰는 폭력집단으로 매도되었지요. 노조가 물러설 수 없도록 만든 것은 이들 언론도 한몫을 했습니다. 찍소리도 못해보고 주저앉아버리면 언론이 포장하듯 노조의 주장은 그저 귀족노조의 철없는 투정으로 묻혀버릴 테니까요.

동네북

2007. 1. 8

대기업 정규직 노조에 대한 '막가파식' 거부 정서가 위험수위에 도달했습니다. 투쟁은 무조건 '투정', '생떼'로 규정하고 봅니다. 현대차노조에 10억 손배소, 적나라하고 섬뜩한 계급투쟁입니다. 이번 손배 청구는 신자유주의 정권이 배후세력이고, 조중동이 선동해서 현대차 자본이 실행에 옮긴 민주노총 정치파업에 대한 손배 소송입니다. 한진중공업 김주익 지회장을 죽음으로 몰아간 손배가압류가 자본주의의 남용이라는 성찰은 벌써 설 땅을 잃어버렸습니다.

너희가 도덕을 말하느냐?

2006. 12. 13

　　민주노총 총파업과 금속 산별노조 통합을 견인해오던 현대차노조 박유기 위원장의 낙마는 안타까운 소식입니다. 노조가 무슨 비리집단인 양 두들겨 패는데 D일보가 특히 악질적입니다. "노조 간부가 일반 조합원에게는 명분도 없는 '정치파업'에 참여하도록 독려하면서 뒤로는 납품업체와 검은 뒷거래를 해 허탈했다" 조합원 김모씨가 한 말이라며 인용하고 있는데 이게 그들이 하고 싶은 말인가 봅니다. 기사의 결론부는 납품비리보다는 현대차 노조가 불법 정치파업을 벌였다는 데 비중을 두고 있습니다.

여의도 특설링

2006. 12. 11

　2006년 연말에 복수노조 금지 조항을 유지하고 파업권이 제한되는 '필수공익사업장'을 확대하고 정리해고를 더욱 쉽게 하는 등의 노사관계법 개악이 단행되었습니다. 비정규직 확산법에 이어 노동 적대 정권의 반노동 정책이 줄을 잇고 있습니다.

수출 3천억 달러의 그늘

2006. 12. 6

　화물연대가 파업을 접었습니다. 죽을 수는 있어도 물러서진 않는다는 말은 이제 노동자들의 구호가 아닙니다. 부산항이 물류대란을 앓고, 세계 3위에서 5위 항으로 떨어져도 '돼먹지 않은 노동자'들에게는 한 치의 양보도 없다는 자본의 계급의지에 의해 또다시 화물노동자들은 후퇴를 강요당했습니다. 파업의 깃발이 꺾이던 어제 수출 3천억 달러 돌파를 기념해 삼성동(동네 이름도 '삼성'이로군요)에서, 삼성이 지은 코엑스 빌딩 앞에서 축하 불꽃쇼가 펼쳐졌습니다. 수출 운송의 역군 화물연대 노동자들이 월 130만 원으로 가족을 부양하고 있을 때 수출 대기업들은 수조 원의 이익을 내고 대주주들에게 수백억의 주주배당을 돌렸습니다. 물론 노동자들에게는 땡전 한 푼 돌아오지 않았습니다.

노무현, 결국 시장독재 하수인 되다

2006. 11. 17

    부동산 안정화 정책 포기에 이어 재벌개혁 포기 선언에 다름 아닌 출자총액제한제도의 대폭 완화가 추진되고 있습니다. 이른바 '시장개혁 3개년 로드맵'을 휴지통에 처박아버리는 수순이죠. 그러고 보니 이제 남은 건 노사관계 로드맵뿐입니다. 더 쉽게 정리해고하고, 파업권은 무력화시키는 노사관계 로드맵, 설익은 '감'만 믿고 추진하는 한미 FTA, 노무현 대통령은 결국 임기 말에 이르러 노동자 민중에 대한 폭력적 시장독재의 집정관으로 전락하고 있습니다.

노마진 조삼모사

2006. 9. 14

"이 텐트는 펴는 데 3초 밖에 안걸려요. 그러나 접는 데는 3일 걸린다는 거!" (뒤집어지죠?)

노동부와 노총·경총이 야합한 노사관계 로드맵의 주요 항목엔 바로 이 같은 내용이 있습니다. 병원 등 이른바 필수공익사업장의 파업에 정부가 직권으로 파업을 중지시키고 중재를 하는 '직권중재제도'가 ILO 국제기준에 미달되기 때문에 폐지해야 한다고 계속 지적받아 왔습니다. 이번에 이걸 폐지한다곤 했는데 더불어 '대체근로'를 허용함으로써 파업을 실지로 무력화하고 있습니다. '노마진'을 선언하고는 곧바로 이문을 챙기는 조삼모사의 전형을 보는 것 같습니다.

소귀에 경 읽기

2006. 8. 28

　포항건설노조 하중근 조합원의 사인을 둘러싸고 국과수, 경찰이 그냥 넘어져서 죽었다고 했고, 진상조사단 측에서는 경찰의 집단 폭행 목격자를 확보하고 국과수와 경찰을 반박하는 기자회견을 열었습니다. 보도자료를 보내고 기자회견을 하면 뭘 합니까? 보도자료는 '보도 안될 자료'가 되기 일쑤고, 회견장에는 기자도 오지 않습니다. 역시 이날 회견도 단 한 줄도 안나왔습니다. 조중동은 물론이고 경향과 한겨레도 쓰지 않았습니다. 누구 편을 들어달라는 것이 아닙니다. 그저 국과수와 경찰 주장에 대해 반박했다는 사실만이라도 알려달라는 건데….

　"노동자의 죽음은 보도가치가 없다고 보는 것인지, 아니면 노동자의 죽음은 진상이 철저히 밝혀지지 않아도 된다고 생각하는 것인지, 우리는 일부 언론사와 기자들에게 묻고 싶다"(25일자 민언련 성명)

차라리 죽여라

2006. 7. 27

배달호와 김주익을 죽음으로 몰아넣었던 손배, 가압류의 망령이 부활하고 있습니다. 손배, 가압류는 포항 건설노조와 KTX 여승무원노조, 현대하이스코, 울산 플랜트노조 등 비정규직 노동자들에게 집중되고 있습니다. 원청회사가 사용자임을 부인하는 한 이들의 싸움은 실정법의 테두리를 넘나들 수밖에 없습니다. 가난한 노동자에게 재산형이라는 가장 악랄한 수단을 들이대는 자본주의의 법정은 이들 비정규직 노동자들을 또다시 사선에 세우고 있습니다.

내가 해야 로맨스지

2006. 7. 21

포스코 본사를 점거했던 포항건설노조가 노무현정권에 의해 진압당했습니다.

"여러분의 이번 파업은 법률상 위법이다. 그러나 사람을 위해 법이 있는 것이지, 법을 위해 사람이 있는 것이 아니다. 권력 있고 돈 많은 몇 사람만을 위한 법은 법이 아니다."

"여러분이 이 싸움에서 돈 한 푼 못받더라도 인간답게 살고 싶은 욕망을 갖고 있다면, 여러분 모두가 배신자가 되지 않겠다는 확고한 결의만 있다면, 10명을 잡아넣으면 1백 명을 잡아가라 하고, 1백 명을 잡아가면, 1천 명이 가고, 그렇게 하면 대한민국 노동자가 모두 달라질 것이다"

(1988년 12월 26일 현대중공업 파업 현장에서 13대 국회의원 노무현)

더 늦출 수 없는 산업별 노조 전환 결의

2006. 6. 28

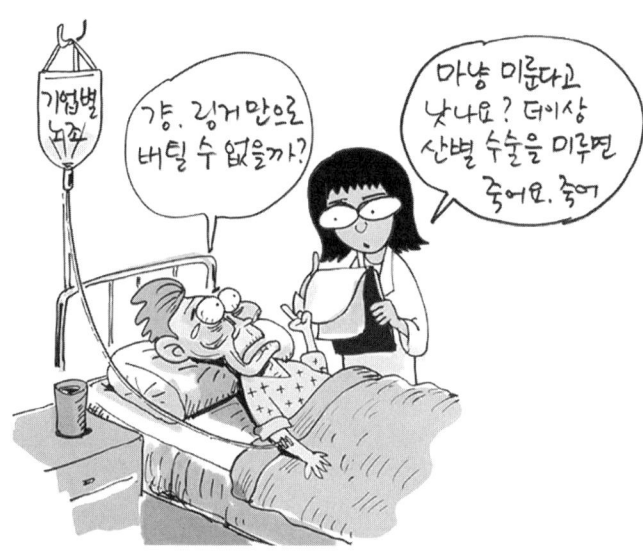

내년이면 민주노조운동이 부활한 지 20년째가 됩니다. 20년째가 되는 내년에 이른바 '복수노조'가 전면 허용됩니다. 기업별 노조라는 틀을 벗지 못한 상태에서 복수노조 시대를 맞는 것은 민주노조운동이 '산송장'이 된다는 뜻입니다. 26일부터 시작된 민주노총 소속 기업별 노조들의 산업별 노조 전환 결의 찬반투표를 많은 이들이 지켜보고 있습니다. 부디 성공하시기 바랍니다.

문자로 정리해고 통보

2005. 6. 24

일간스포츠 사측에서 지난 16일 오후 5시께 핸드폰 문자메시지를 이용해 '정리해고' 대상자임을 개별 통보했습니다. 문자메시지는 세 차례에 나누어 전달됐으며 첫 번째 문자메시지에서는 '일간스포츠입니다. 귀하는 정리해고 대상자입니다'라고 쓰고, 곧 이어 두 번째 메시지에서 '금일 오후 6시까지 편집국 행정팀에서 통지서를 직접 수령하시기 바랍니다'라는 내용을 담았습니다. 이어 마지막 문자를 통해 통지서를 '수령하지 않을 경우 회사가 불가피하게 가정으로 내용증명을 송달할 예정이오니 수령바랍니다'라고 덧붙였습니다. 첨단 모바일 시대의 노동자 목숨은 파리 목숨보다 약합니다.

2003 대한민국 쥬라기 공원

2003. 10. 17

논평 2003. 10. 17

누가 김주익 지회장을 죽였는가?
노조 굴복만 강요하는 악질재벌과 정권,
보수언론의 합작품

    2003년 10월 17일은 금속노조 한진중공업지회의 김주익 지회장의 자살했다. 연일 대기업 노동자를 '노동귀족'으로 매도하고, 노동자의 이유 있는 파업을 '배부른 노동자의 이유 없는 어거지 생떼쓰기' 정도로 폄훼하는 대통령과 경제단체, 그리고 보수 언론들의 등쌀에 그들이 말하는 대기업 귀족 노동자의 대표가 스스로 목을 맸다. 그 '노동귀족'의 대표는 자신이 '21년 근속에 한 달 기본급이 105만 원이고 이것저것 떼고 나면 80만 원' 남짓이라고 유서를 남겼다. 이들 노동귀족이 다니는 회사는 '1년 당기 순이익의 1.5배, 2.5배를 주주들에게 배당하면서도 노동자의 임금은 동결하고, 그토록 어렵다는 회사의 회장은 얼마인지도 알 수 없는 거액의 연봉에다 50억 원 정도의 배당금까지 챙겨' 간다고 한다.

    35m 고공의 비좁은 크레인 운전실에서 129일을 버티다 결국 스스로 목을 맨 김주익 지회장과 조합원의 요구는 무엇이었던가? 청춘을 한진에 바친 50세 이상 몇 안되는 조합원들의 고용을 보장해 달라는 것, 그 악명 높은 손배, 가압류를 풀라는 것, 그리고 기껏 2년치 임금 7만 5천 원 인상 정도가 아니었던가?

선무당, 오만한 개혁

2006. 9. 22

　공직사회 개혁을 위한 풀뿌리 조직, 공무원노조를 '불법' 시하는 노무현정권이 결국 140개 지부 사무실 폐쇄에 나섰습니다. 이용섭 행자부장관이 그랬죠. "노무현 대통령은 유능한 외과의사이지만 마취를 하지 않고 수술을 하기 때문에 사람들이 싫어한다"고 말이죠. 그런데 실은 떼어내야 할 암덩어리와 같은 개혁대상은 가만히 놔둔 채 수술 도구인 공무원노조를 폐기처분하는 무능한 의사로 보입니다. 더욱이 백주대낮에 생목숨을 때려죽이고도 죽인 놈은 없다고 배짱을 내미는 데 와서는 백정수준의 돌팔이가 아닐까 의문이 생깁니다.

한나라 오일로 가는 자동차

2006. 5. 20

한나라당과 C일보가 전국공무원노조를 불법단체로 규정하고 노무현정부를 들쑤셨죠.

- 유기준 한나라당 대변인 : 전공노와 전교조, 노동단체들이 거리낌 없이 법에 허용되지 않는 행위를 저지를 수 있도록 방치하는 노무현정부는 과연 국민을 위한 정부냐
- 나경원 대변인 : 정부가 진작 했어야 할 일을 하지 않고 있으니까 지방자치단체가 나선 것이다 전공노의 모든 불법 사무실 폐쇄와 전임자 업무 복귀를 강력하게 촉진하고 감독해야 한다
- C일보 : 경남도지사가 혼자서 전공노와 싸우고 있는데 행자부는 뭐하고 있냐

이용섭 행자부장관은 '설득과 계도'를 통해 원만하게 풀어보려고 했지만 한나라당과 C일보의 강경대응 주문 때문에 어쩔 수 없었답니다. 참여정부는 한나라당과 C일보라는 연료로 가는 자동차인가 봅니다.

폐쇄정부

2006. 9. 1

　한쪽에서는 국제적인 노동기준을 논의하는 ILO 아태총회가 개최되고 다른 한쪽에서는 정부가 공무원 결사의 자유를 부인하며 공무원노조 사무실을 폐쇄하고 있습니다. 도저히 공존할 수 없을 것 같은 상황이 같은 시각에 동시에 출현한 것입니다. '좌파 신자유주의' 정권이라는 이해할 수 없이 양극화된 정권에서나 가능한 일이겠죠?

제12장

비정규
아이스에이지

반갑지 않은 손님

2007. 1. 3

　이른바 '비정규 보호법'이 통과된 이후 정해년 벽두부터 비정규직에 대한 정리해고의 칼바람이 몰아치고 있습니다. 비정규직 보호 법안을 만들었으면 정부, 공기업이 비정규직 보호에 앞장서야 하지 않나요? 그런데 정부 공기업인 철도공사가 앞장서서 비정규법을 악용합니다. 상시채용한 지 2년이 지난 기간제 노동자는 정규직으로 전환해야 하기 때문에 지난해 12월 31일자로 직접고용 비정규직인 새마을호 승무원에 대해 더 이상 재계약하지 않는다고 싸늘하게 통보했습니다. 우리은행 3,100명 정규직 전환은 그야말로 예외적인 경우랍니다. 상공회의소 설문에서는 63.6%가 재계약을 하지 않겠다고 하거나 아예 17.4%는 비정규 업무를 아웃소싱하겠답니다. 비정규보호법, 보호는커녕 비정규직 대량 해고의 블랙홀입니다.

기본권 전복 쿠데타

2006. 12. 7

　국회가 정규직 씨 말리는 비정규 확산법 날치기 통과의 여세를 몰아서 이번에 민주노조 씨 말리는 노사관계 로드맵 법안도 강행 통과시키려 하고 있습니다. 날치기 맛을 본 국회는 이제 더 이상 국회가 아닙니다. '민의의 전당'은커녕 기본권 전복의 현장이 되어버렸습니다. 말로만 비정규직 '보호법'이지 전 업종에 비정규직을 무제한 확산시키는 확산법이고, 말이 좋아 노사관계 선진화법이지 헌법에 보장한 단체행동권을 불허하는 군사독재시절 회귀법입니다.

비정규직 아이스에이지 (빙하시대)

2006. 12. 4

애니메이션 아이스에이지에 도토리를 얻기 위해 처절하게 사투를 벌이는 다람쥐 조상같이 생긴 설치류가 나옵니다. 이 주인공은 아이스에이지 속편까지 나왔는데 여전히 도토리를 얻지 못했습니다. 이번에 비정규관련법 통과로 비정규직의 정규직화도 아이스에이지를 맞은 것 아닐까요?

비정규 확산법이 통과된 다음날 동아일보는 1면 톱기사 제목을 "비정규직 2년 후엔 정규직 된다"로 뽑았더군요. 이대로라면 민주노동당의원들이 극력하게 반대한 것은 기업주와 정규직 노동자의 이익을 위해 '몽니'를 부린 것이 됩니다.

그런데 경총 회원사 사장들을 대상으로 설문조사를 했더니 기업주의 90%가 정규직 전환 전에 해고하겠답니다. 11개월짜리 근로계약이라는 정규직화 회피를 위한 신종수법도 빠르게 확산되고 있습니다. 근로계약이 갱신되더라도 22개월짜리죠. 정직한 언론이라면 "비정규직 2년 후엔 10%가 정규직 될지도 모른다"고 써야 하는 것 아닐까요?

종로에서 뺨맞고

2006. 11. 29

전효숙 헌법재판소장 임명동의안을 철회하자마자 비정규확산법안을 법사위에 상정한다? 종로에서 뺨맞고 한강에서 분풀이하는 격입니다. 집권 4년 동안 나라꼴을 엉망으로 만든 식물 대통령이 유일하게 '동물성'을 과시하는 대상은 노동자와 농민들입니다.

한나라당에 전효숙을 넘겨주는 대가로 한나라당과의 비정규확산정책 연정을 성사시키는 이 통탄할 거래는 마치 심청이를 넘겨주는 대가로 뺑덕어미의 검은 뱃속만 채우는 거래와도 같습니다.

여긴 대한민국이야!

2006. 4. 11

　12일 새벽, 기사 검색을 하다 보니 CPE(최초고용계약법) 철회가 딱 눈에 들어옵니다. 부럽습니다. 학생들과 노동자들의 연대투쟁이 신자유주의 정책을 멋지게 때려 눕혔군요. 민주노총이 비정규 악법을 막아내고 비정규직 철폐를 위한 순환파업에 들어갔습니다. 그런데 시중 언론에서는 이들이 파업한다거나 투쟁을 했다거나 하는 얘기가 코빼기도 안보입니다.
　대학생들은? 자본을 위한 '일회용 티슈'가 되기 위해 지금도 도서관이 불야성입니다. 신자유주의는 이 젊은이들의 자존감마저 거세해버린 것 같습니다.

비정규직 봇물 터지다

> 2006. 3. 21

4월 국회에서 비정규 확산법을 열린우리당이 강행하겠답니다. 프랑스에서는 신규 취업하는 청년에 대해 2년 내에 자유롭게 해고 가능한 최초고용계약법 때문에 150만이 봉기했답니다. 우리나라는 모든 노동자들을 무제한 비정규직으로 만드는 법을 강행하겠다는데 1,500만이 봉기해야 되는 거 아닙니까?

우리가 치고 온 게 뭐지?

2005. 6. 18

　충주 김태환 의장이 특수고용 노동자들의 노동자성 인정, 노조 인정을 요구하며 싸우다 처참하게 죽었습니다. 비정규직 확산법이 논의되고 있는 한복판에 김태환 지부장의 죽음이 있습니다. 그런데 김대환 노동부장관은 자기와는 상관없는 일이라고 합니다. 사진을 보니 형사가 용차 기사에게 차를 출발시키라고 하고 있더군요. 김태환 의장이 차에 치어 처참하게 짓이겨졌는데도 경찰은 차를 멈춰 세우기는커녕 멍하니 지켜보기만 했다죠? 사회적 약자는 밟아도 된다는 이 집단 무의식이 바로 미필적 고의에 의한 살인이 아닌가요?

정규직이 너무 많이 받는다?

2005. 1. 17

선무당이 사람 잡는다지요.
양극화가 문제라고 지적할 때,
알긴 아는구나 했는데,
정규직 노동자를 공격하는 빌미로 삼을 때,
역시나 했습니다.
자본가, 자산가들로만 이루어진 배심원들이 고개를 끄덕이는군요.
"그래 정규직이 유죄야"

보험모집원, 골프장 캐디가 왜 노동자가 아닌가요?

2005. 1. 7

　보험모집원, 캐디, 덤프, 레미콘, 화물차의 특수고용 노동자들. 이들이 비정규직 노동자 전체에서 차지하는 비중을 무시할 수 없답니다. 이들의 노동자성을 계속 부정하는 것은 거대한 해일을 불러일으키는 지진의 충격이 아닐까요?

시장권력이 상전인데

2004. 12. 28

현대차 비정규직의 대부분이 모조리 불법 파견이라는 판정을 받았죠.
정몽구는 그저 '똥 밟았다'는 정도겠지만…

자본의 '멋진 신세계'

2004. 10. 14

비정규직이 예외적인 고용형태가 아니라 일반적인 고용형태가 되고 정규직이 예외적인 고용형태가 되는 날이 곧 다가옵니다. 아니 이미 800만이 비정규직이니까 벌써 비정규직이 일반적 고용형태가 되어 있습니다. 그러니까 조만간 비정규직이 '압도적' 고용형태가 되고 정규직인 매우 '희소적' 고용형태가 되겠군요. 브라보!

거룩한 계보

2007. 1. 29

　조폭 월 평균수입이 400만 원, 연봉으로 치면 5천만 원 정도. 요즘 같은 불경기에 이정도 소득이라면 눈이 돌아갈 만합니다. 고소득 전문직종임에 틀림없죠. 유흥업소, 오락실, 게임장 주변에 주로 서식하며 전국에 약 5천 명의 고용을 창출하고 있다고 합니다. 50명 미만의 영세사업자가 29개 조직이고, 100명 미만 50명 이상 중소기업형은 50개 조직, 100명 이상 상장기업형은 30개 조직, 넘버3에 나오는 불사파같이 달랑 4명 정도의 조직은 아마 집계 대상에서 누락된 '양아치' 정도로 분류되겠죠.

　일진회와 같은 청소년 조직은 저소득 비정규직 850만 시대에 '조폭'이라는 직업군을 거룩한 계보로 여기겠군요.

가둬놓고 죽이다

2007. 2. 12

여수 출입국관리사무소 외국인 보호시설에서 보호라는 미명 하에 철창 안에 가둬 놓고 생사람을 죽였습니다. 국가인권위원회가 낸 '미등록외국인 단속 및 외국인 보호시설 인권실태조사' 보고서에는 불법체류자는 범죄자가 아니며 보호소 수용은 구금이 아니라 '강제퇴거를 위한 신병확보'라고 정리하고 있습니다. 그러나 보고서 바깥의 보호소는 감방과 다름없습니다. 경기도 화성 외국인보호소는 햇볕과 바람이 들지 않아 낮과 밤을 구분할 수 없을 정도랍니다. 이정도면 먹방인 셈이지요. 보호실 3면은 벽이고 나머지 한 면은 아래쪽에만 손이 들어갈 수 있는 배식구를 뚫어 놓았답니다. 이게 보호시설입니까?

이번 일은 우연이 아닙니다. 불법체류를 범죄시하는 환경이 빚어낸 필연적 참극입니다. 공장에서도 이주노동자를 어디 사람 취급합니까? 노말헥산, DMF 같은 유독 물질에 무방비로 노출시켜 병신을 만들거나 죽이기도 합니다. 마루타 취급입니다. 그 잘난 '글로벌스탠더드'는 어디 갔을까요?

노말헥산에 노출된 이주노동자

2005. 1. 17

노말헥산에 아무런 보호 장구 없이 노출된 이주노동자들이 하반신 마비로 쓰러졌습니다. 치 떨리는 일입니다. 불법체류라는 약점을 잡아 마치 마루타처럼 다루었다는 얘기 아닙니까? 일제가 조선인 징용노동자들을 학대한 가까운 역사를 우리는 반복하고 있습니다.

제13장

역겹고도
역겹다

론스타, 외환은행 꿀꺽한 전말

먹튀 런(Run)스타

2006. 4. 14

　외환은행장이 BIS 6.2%로 낮게 조작해 외환은행을 부실기업인 양 일종의 역분식(逆粉飾)해서 자격 미달의 투기자본인 먹튀 런스타에 팔아넘겼답니다. 그러나 외환은행 행장은 17억의 퇴직금을 약속받고 모피아(재경부 마피아)의 보살핌으로 한국투자공사 사장자리를 꿰어 찬 심부름꾼에 불과했습니다. 국민의 혈세인 공적자금이 투입된 외환은행을 런스타에게 팔아먹은 재경부-금감위-외환은행 최고경영진의 커넥션은 우리 국내법으로 다스려야겠지만 해외투기자본이 불법적인 수단으로 국부를 빼먹는 더 근본적인 문제에 대해 강력한 대책이 필요할 것입니다. 토빈세를 도입하는 것도 그중 하나겠죠.

삼성이 하면 글로벌 스탠더드?

2006. 4. 18

론스타도 1천억으로 때우겠답니다. 불법으로 주식을 취득했으니 론스타의 주식 취득 자체가 무효이고 금감위의 불법적인 외환은행 부실 판정에 따라 헐값에 주식을 처분했던 산업은행, 한국은행은 피해자이므로 피해액만큼 돌려달라고 해야 마땅합니다. 그런데 1천억으로 때우겠다고요?

30억 배달사고

2005. 9. 14

이건희 회장이 이회창 후보에게 주라는 대선자금 중 30억 배달사고가 들통 났네요. 떡값 검사로 지목된 홍석현의 동생 홍석조 고검장이 그랬다죠?

"나는 돈이 아쉬운 사람이 아니다. 그런 내가 왜 돈을 받겠는가? 줘도 내 돈을 준다."

홍석현 회장도 돈이 아쉬운 사람은 아닐 텐데 중간에 삥땅을 친 건 어떻게 설명해야 할까요? 하긴 푼돈이 아니라 수십 억대니까 군침이 돌았던 걸까요? 친척들 간에 믿고 맡긴 돈을 중간에서 몰래 빼돌린 게 들통 났네요. 혹시 그쪽 집안 유전자 중에 '배당사고의 기수' 유전자가 들어 있을 수도 있으니 배달일을 맡은 홍석조 고검장도 혹시 압니까? 배달 사고를 냈을지…. 그러니 홍석조에게 떡값을 받은 검사님들, 잘 따져 보세요. 자기에게 돌아 올 몫을 부당(?)하게 삥땅당한 건 아닌지 말이죠.

그나저나 검찰은 이제 X파일 수사를 좀 하셔야겠군요. 도청으로 얻은 정보를 수사할 수 없다는 이른바 독수독과(毒樹毒果)*론을 펼치고 있지만 사실은 떡값 먹은 검찰이 떡값 수사를 할 수 없다는 게 솔직한 얘기겠지요. '떡수떡과' 론이 제격이지요.

* 독수독과(毒樹毒果) - 독을 가진 나무엔 독이 든 열매가 열린다.

배달부의 귀환

2006. 12. 29

27일 홍석현씨가 중앙일보 회장직에 복귀했더군요. 소리 없이 조용하게 말입니다. 언론노조의 지적대로 홍석현씨는 세금포탈에 뇌물 전달자 등 언론사 대표로서 치명적인 결함을 갖고 있는 사람입니다. 특히 삼성 X파일에서 드러난 것처럼 홍씨는 언론사 고유의 견제와 감시는커녕 오히려 부패커넥션의 고리로 권력을 오염시킨 오염원입니다. 삼성과 같은 초대형 재벌의 집사로 한나라당 이회창 후보에게 얼마, 김대중 후보에게도 보험금으로 얼마, 검찰에게 얼마, 검찰 주니어에게도 얼마씩 떡값(서민들에게는 쳐다보기도 어려운 액수의 돈이지만 이들에게는 한낱 떡값 정도로 보인다는 뜻)을 돌린 '배달'의 겨레입니다. 이런 자가 사회적 '공기'라는 언론사 대표가 되어 미디어 재벌로 언론시장을 독식하겠다고 복귀했습니다. 언론을 사회적 '흉기'로 만들려는 게 아닌지요. 무서운 일입니다.

편집권 위에 광고권?

어제 삼성 에버랜드 전환사채 헐값 매각 공모사건 공판정이 아수라장이 되었답니다. 1심에 이어 2심 검사 구형이 떨어지는 날이었기 때문에 기자들이 열띤 취재경쟁을 벌였는데 떼거리로 몰려나온 삼성 직원들이 기자들의 카메라를 가로막는가 하면 밀치기도 하고 발로 차기도 했답니다. 어떤 열 받은 기자는 주차장에서 삼성의 폭력적인 취재방해에 대해 일인시위로 항의까지 했다는데 오늘 아침 조간에는 어찌된 일인지 폭행 기사는커녕 공판결과도 한 줄 실리지 않았습니다. 아니, 유일하게 중앙일보만 간단히 공판결과를 보도했습니다. 조선, 동아야 그렇다고 치더라도 한겨레, 경향마저도 자발적 검열구조에 걸려 삼성 기사를 뺀 것이 아닌지 안타깝습니다.

간첩단 추리소설

2006. 11. 7

숭미언론의 오보 참사

2006. 9. 25

'북 외무성 제1부상 강석주가 북한은 핵무기를 5~6개 보유하고 있다고 실토했다.'

이상은 로버트 칼린이라는 전 미국 국무부 과장이 써본 소설입니다. 한국의 언론은 칼린의 소설이 픽션인지, 논픽션인지도 확인하지도 않고(사실 강석주가 이런 말을 했다면 엄청난 일이지요) 마치 논픽션인 양 받아쓰기를 했답니다. 25일자 조선, 동아 조간은 칼린의 소설을 대서특필했습니다. 세계일보와 경향신문, 한국일보도 묻지마 보도의 덫에 걸렸습니다. 한낱 야인의 자리로 물러난 사람의 헛소리를 이렇게 충실히 받아쓰는 나라가 한국 외에 또 있을까요?

고대 명예 철학박사 학위 수여식

2005. 5. 16

고대 명예철학박사 학위 수여식에 학생들이 의미 있는 항의를 좀 한 것 가지고 보직교수들이 사퇴를 하질 않나, 청와대, 정통부 장관까지 나서서 학생들을 매도하고 조중동은 심지어 '미친개에겐 몽둥이'라는 인터넷 글까지 원용해 아주 원색적으로 마녀사냥을 해댑니다.

가만히 보니 학위 수여식이 아니고 자본의 제왕에게 행한 '대관식'이었던 모양입니다.

초헌법적 기업?

노회찬 의원이 삼성의 노동탄압에 대해 추궁하자
검찰이 비호에 나섰다.
삼성의 무노조 경영에 대해 아느냐고 묻자
검찰은 모른다고 답했다.
노의원 왈 "한국에서 사셨느냐?"
노의원은 삼성에 대해 초일류 기업이 아니라 초헌법적 기업 아니냐고
검찰에게 따져 물었다.

역겹고도 역겹다

2006. 6. 29

미국 갑부 워렌 버핏이 전재산의 85%인 3백74억 달러(우리 돈 약 36조)를 사회에 환원했다는 소식과 정몽구 회장의 보석 소식이 공교롭게도 겹쳐집니다. 버핏의 기부 소식은 10억의 보석금을 내고 석방되는 정회장에게는 또 다른 불운이겠군요. 이건희 회장의 8천억 기부에 이은 정회장의 1조원 기부가 기부가 아닌 범죄 세탁비용이라는 게 다시 한 번 조명되고 있으니 말입니다.

버핏은 또 '상속세를 폐지하려는 것은 역겨운 짓'이라고 직격탄을 날렸습니다. 상속세 때문에 기업을 못해먹겠다고 떠들던 자들도 당분간 조용해지겠군요. 기업인이 기업인다워야 기업인이지….

그 후 증시는?

2006. 4. 29

정몽구가 구속된다는데 증시의 반응이 분위기를 맞춰주지 못했다는군요. 기아차 주식은 오히려 올랐다지요? 몽구를 구속시키면 글로벌 탑5로 나아가는 데 지장이 있다고 그렇게 설레발을 치더니…

제14장

시대가
민주화된 걸
몰라?

스카이 10부 능선

2005. 7. 29

정운찬 서울대 총장이 사실상 본고사를 부활하겠다는 방침을 명확히 했죠. 얼마 전에는 '솎아내기' 발언 등으로 자신의 본심을 '망언록'에 올렸습니다. 우수한 고교생을 '솎아내기'만 하면 뭘 합니까? 정작 대학에서는 우수생을 가르칠 만한 준비가 되어 있지 않은데…. 서울대를 정점으로 서열화된 지금의 대입체제, 그리고 학벌사회를 해체하지 않고서는 국가 백년대계는 꿈도 꿔볼 수 없습니다.

사학의 대표주자 연세대

2004. 9. 21

기여 입학제를 한다고 생난리를 치던 학교죠. 수시모집에서 강남 학교 애들만 의예과에 싸그리 입학시켰더군요. 강북, 아니 전국의 고등학교 아이들은 2등 학교라는 자괴감에 시달리겠지요. 고등학교 아이들에서부터 철저한 계급의식을 주입시키는 이 자본주의적 사학을 보세요.

교육산업, 복지산업, 노동산업, 환경산업부 장관이면 좋겠어요?

2005. 2. 1

노통 : 교육도 산업이다. 교육에 경제마인드를 가진 부총리를 임명하겠다.
궁민 : 교육은 백년지대겐데… 교육 문제 전문가가 맡아야지요…
노통 : 근친교배하면 멸종한다는 거 몰라?
궁민 : 어떤 때는 전문가를 찾다가 또 어떤 때는 '이종교배론'을 펼치니 나 원 너무 헷갈려…
노통 : 장관 임명은 내 마음 속에 있으며, 전문가와 비전문가를 선택하는 기준은 그때그때 달라요
궁민 : ???

교육부총리 부름을 받은 김진표씨, 2003년 9월 경제부총리 시절에 9·4 주택시장안정대책이란 걸 내놓으면서 "강남 땅값이 치솟는 건 잘나가는 학원이 밀집해 있기 때문이므로 판교 신도시에 1만평 규모의 학원단지를 조성해 맞불을 놓겠다"고 했다죠? 물론 말도 안되는 망상이기에 고건 총리도 퇴짜를 놓았다는데…

학생들은 시대가 민주화된 걸 몰라?

2003. 11. 14

지금이 민주화된 시대라서 분신으로 투쟁하던 시대가 지났답니다. 자기가 대통령되면 민주화가 된 것으로 착각하시나 본데, 노동자가 노동3권조차 제대로 행사할 수 없는데 이것도 민주화인가요?

논평 2003. 11. 6

죽음의 입시제도가 우리 아이들을 아파트 옥상 난간에 세우고 있다

수능시험이란 괴물이 또 꽃다운 두 여고생을 제물로 삼았다.

교육인적자원부의 통계로도 한해에 스스로 목숨을 끊는 학생이 200명 내외라고 한다. 잘못된 교육구조의 희생양이 되어 스스로 목숨을 끊는 아이들이 한 해에만 200명이나 되는데 왜 '대한민국'은 여기에 아무 말도 하지 않는가? 마법의 피리 소리에 이끌려 죽음의 강으로 뛰어드는 쥐들처럼 온 국민이 한 줄로 서서 '수능'이라는 마법의 피리 소리에 홀려 이성이 마비되었기 때문이다.

고등학교는 문제풀이 도사를 만들고 대학은 고등 놈팽이를 생산한다. 모든 것을 수능 한방에 거는 이 망할 제도는 왜 없어지지 않는가? 변별력이라는 이름으로 전국의 아이들을 어떤 개성과 재능과 무관하게 한 줄로 세우는 이 야만적 제도가 왜 이리도 집요하게 버티고 있는가? 이른바 학벌이 우리 사회를 지배하고 있기 때문이다.

이제 바꿔야 한다. 우리가 진정 옥상 난간에 세워야 할 것은 모든 아이들을 성적순으로 서열화하는 현행 입시제도이다. 청소년기의 싱싱한 꿈을 잔인하게 밀어버리고, 암기하는 기계, 문제 푸는 기계로 만드는 입시 제도를 바꾸지 않는 한 이 끔찍한 죽음의 행렬을 멈출 수 없다. 더군다나 그렇게 한 줄을 세워 놓고 서울대에 들어가는 0.5%를 제외한 99.5%를 패배자로 만든다. 그 많은 재능이 대량 학살되고 만다. 이것이 어찌 개인의 불행에 그치겠는가? 국가적으로도 불행이다.

프랑켄 한수원

2006. 4. 27

연결이 아닌 분단

2006. 4. 22

지율을 죽이려는가?

2005. 8. 29

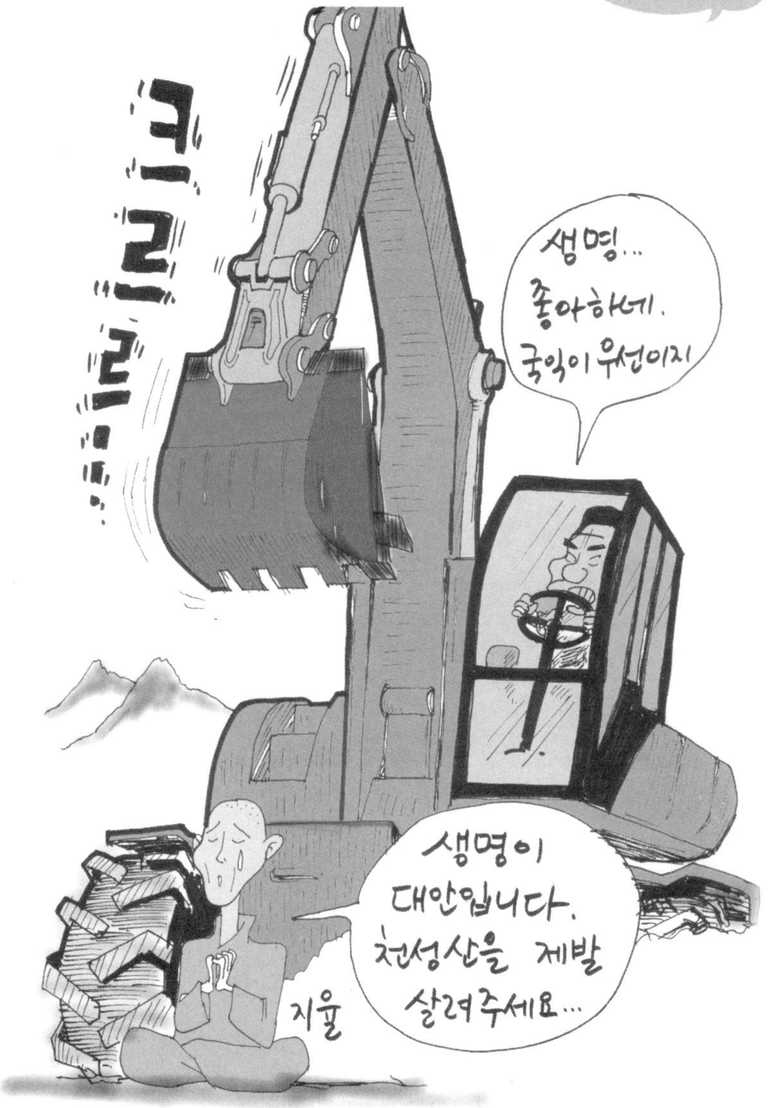

논평 2004. 11. 29

도롱뇽 소송 기각, 환경 이기주의라는 신조어는 안 나오나?

오늘 천성산 꼬리치레 도롱뇽에 대한 사형선고가 언도되었다. 이들은 영문도 모르고 인간의 법정에서 자신의 서식지를 박탈당하고 유생들을 키울 권리를 잃어버렸고 종내에는 죽임을 당하게 되었다. 1년여를 끌어왔던 도롱뇽소송이 오늘 공사 착공금지 가처분신청 기각으로 패소한 것이다.

혹시? 재판부가 더듬수를 짚듯 '터널 부근의 지하수맥과 무제치늪이나 화엄늪의 직접 수원이 되는 지하수와 지표수가 연결되어 있지 않을 개연성이 있어' 다행히도 이들이 죽지 않을 수도 있다. 그러나 이들과의 공존보다는 자신의 이기적 욕망만을 채우려 드는 토목자본의 광포한 무한궤도는 결국 이들을 짓이겨 놓을 것이다. 경제가 어려운데 웬 환경타령이냐는 얘기가 횡행하고 있다. 야만의 징표다.

노빠 메디칼

2006. 1. 7

황구라가 사이언스에 조작된 논문을 간 크게 제출할 수 있었던 것은 정부의 의료산업화 정책이라는 배경이 있었기 때문에 가능했다. 노무현정부는 줄기세포 허브를 만들어 바이오 테크놀로지의 선두주자로 나서려 했다. 청와대 박기영 보좌관은 줄기세포 배양단계에서 '심각한 오염사고'로 줄기세포가 다 죽었다는 보고를 받고서도 황구라의 논문작업을 방조했다. 노무현정부의 의료산업화 과욕이 부른 어처구니없는 해프닝인 것이다.

황구라가 '원천기술 보유'하고 있는지는 황구라 외에 아무도 모른다. 스너피는 난자를 제공한 개가 어떤 놈인지 모르고 복제소 영롱이도 그 에미가 죽었다고 한다. 증명할 길이 없다.

월드컵 편식

2006. 6. 15

 하루 종일 월드컵 토고전 '슛 골인' 재탕입니다. 모든 채널이 월드컵 일색이면 이거 채널 선택권 박탈 아닙니까? 월드컵 매국노 소리를 듣더라도 토고전 패배를 응원했다는 사람도 있습니다. 월드컵은 '판타지' 지만 한미 FTA는 서민의 등골을 빼먹는 '유물론' 적 사태라면서요.

월드컵 '개막'은 갈등을 '덮는다'

2006. 6. 10

월드컵의 개막은 또 다른 사회적 갈등을 은폐하고 덮어버리는 장치이기도 합니다. 카메라의 시선을 따라 국민들은 사회적 갈등을 잊고 애국주의의 합창 대열에서 '대한민국'을 외쳐댈 것입니다. 월드컵이 끝나면 우리는 코앞에까지 다가와 손을 쓸 수 없게 된 거대한 쓰나미를 대하고 망연자실할 것입니다.

월드컵의 그림자

2006. 6. 7

온통 월드컵 마케팅입니다. 월드컵 공식후원업체 에스케이텔레콤의 광고는 감동적이기까지 합니다. 광고카피는 이렇습니다. "축구는 인생, 아니 전쟁, 누군가에게는 일이거나 누군가에게는 꿈. 가슴 울리는 뉴스이거나 우리 아들들이 만드는 드라마, 대한민국 사람의 희망을 응원합니다. 사람을 향합니다."

그러나 독일 월드컵이 그렇게 단순하지만은 않습니다. 저 열광의 도가니 뒤에 아시아, 아프리카 어린이들이 아디다스 축구공을 꿰매는 고한(苦汗)노동의 그늘이 드리워져 있습니다. 그래서 그 감동적인 카피가 오히려 더 불편합니다. 전혀 다른 어떤 본질을 감추는 자본의 화장술이기 때문입니다. 상업주의 월드컵의 본질은 뭘까요?

'축구는 인생, 아니 장사, 누군가에게는 헐값의 아동노동이거나 누군가에게는 거대한 이윤, 10억 유로의 TV중계료이거나, 서울시청 광장의 상업적 독점권이거나, 자본이 만드는 가공의 드라마, 대한민국 애국주의의 발호를 응원합니다. 이윤을 향합니다.'

만화로 보는 노무현 시대

첫판 1쇄 펴낸날 2007년 6월 29일

지은이 이창우
펴낸이 강수걸
펴낸곳 산지니
등록 2005년 2월 7일 제14-49호
주소 부산광역시 연제구 거제1동 1493-2 효정빌딩 601호
전화 051-504-7070 | 팩스 051-507-7543
sanzini@sanzinibook.com
www.sanzinibook.com
편집 권경옥 · 김은경 | 제작 · 디자인 권문경
인쇄 대정인쇄

ISBN 978-89-92235-20-4 03300

값 10,000원